Willi Plügge

Innere Kolonisation in Neuseeland

Plügge, Willi: Innere Kolonisation in Neuseeland
Hamburg, SEVERUS Verlag 2012.
Nachdruck der Originalausgabe von 1916.

ISBN: 978-3-86347-240-5
Druck: SEVERUS Verlag, Hamburg 2012

Der SEVERUS Verlag ist ein Imprint der Diplomica Verlag GmbH.

Bibliografische Information der Deutschen Nationalbibliothek:
Die Deutsche Nationalbibliothek verzeichnet diese Publikation in der Deutschen Nationalbibliografie; detaillierte bibliografische Daten sind im Internet über http://dnb.d-nb.de abrufbar.

© **SEVERUS Verlag**
http://www.severus-verlag.de, Hamburg 2012
Printed in Germany
Alle Rechte vorbehalten.

Der SEVERUS Verlag übernimmt keine juristische Verantwortung oder irgendeine Haftung für evtl. fehlerhafte Angaben und deren Folgen.

Vorwort.

Neuseeland ist eines der kolonialen Siedelungsländer, deren Entwicklung durch spekulative Bildung von Großgrundbesitz stark behindert worden ist. Anfangs der 90er Jahre war die Latifundienbildung geradezu zu einer Kalamität geworden. Über die Hälfte der in Besitz genommenen landwirtschaftlich benutzbaren Fläche des Landes war in Großgrundbesitzungen von mehr als 2000 Acker Größe zerlegt, die so gut wie brach lagen, obwohl sie sich zur Landwirtschaft im allgemeinen gut geeignet hätten. Dieser ungesunden Entwicklung gegenüber bestand damals eine starke Nachfrage nach Land von seiten solcher Elemente, die sich als koloniale Farmer gut geeignet hätten.

Die Landfrage hatte damit in Neuseeland eine Bedeutung erlangt, die über das auch bei kolonialen Neuländern gewöhnliche Maß hinausging. Innere Kolonisation war nach fünfzigjährigem Bestehen der Kolonie zu einer unbedingten Notwendigkeit geworden, wollte man nicht darauf verzichten, die Kolonie landwirtschaftlich zu einer Entwicklung zu bringen, die den natürlichen Bedingungen des Landes auch nur einigermaßen entsprach. Hatte das Spiel der freien Konkurrenz im Immobiliarverkehr den Interessen der bisher herrschenden Schicht entsprochen, so änderte sich das 1891 damit, daß die von sozialistischen Gedanken beeinflußte sog. progressive Partei, in der die Farmer den Ton angaben, die Regierung an sich riß, die sie seither auch ununterbrochen geführt hat.

Die Bodenreform war die wichtigste Frage in Neuseeland zu Beginn der 90er Jahre. Von dem Gesichtspunkt der Bodenreform geht auch die vorliegende Schrift aus. Denn bodenreformerische Gedanken sind es, die den gesetzlichen Maßregeln zum Zweck der inneren Kolonisation zugrunde liegen. Die Rüstkammer, aus der diese Gedanken entnommen wurden, ist — wie nicht anders zu erwarten ist — die Bodenreformbewegung des Mutterlandes. So war ein Eingehen auf die Theorieen der englischen Bodenreform unerläßlich. Es zeigt sich hierbei, daß die neuseeländische Regierung im allgemeinen den bodenreformerischen Grundsätzen John Stuart Mills, wie sie namentlich im Programm der Land Tenure Reform Association zum Ausdruck kommen, gefolgt ist. Die Landfrage spaltete sich in zwei Teile: Einmal sollten die Schäden der Latifundienbildung möglichst beseitigt werden. Dies führte zum Kampfe gegen den Großgrundbesitz. Die Mittel der Regierung hierbei sind die Ansiedelungsgesetzgebung zum Zweck innerer Kolonisation, die das Thema der vorliegenden Schrift bildet, und die Grundsteuer. Andererseits sollte aber für die Zukunft verhindert werden, daß Latifundienbildung auf noch unbesiedeltem Lande in Zukunft wieder eintrete. Diesem Zweck dient die Landgesetzgebung seit 1891 im allgemeinen, deren Ziel in Neuseeland mit dem Schlagworte „closer settlement" bezeichnet wird. Da die Ansiedelungsgesetzgebung nur ein Zweig der Landgesetzgebung ist, und letztere deren Fundament bildet, so mußte auch auf diese eingegangen werden. Da ich eine Reise nach Neuseeland nicht ausführen konnte, wurde das Schwergewicht in der vorliegenden Schrift auf den bodenreformerischen Inhalt und Charakter der Ansiedelungs- und Landgesetzgebung, sowie auf die Rückwirkung der Landpolitik auf die Volkswirtschaft Neuseelands gelegt, Fragen, die eine Behandlung aus der Ferne wohl vertragen. Die Anschauung der praktischen Ergebnisse der inneren Kolonisation wurde mir vorwiegend durch die sehr ausführlichen und anschaulichen Berichte des Landdepartements und andere amtliche Veröffentlichungen, dann aber auch durch die Schriften von Lloyd, Scholefield, Henderson u. a. m. vermittelt.

Das Material zu der vorliegenden Schrift ist zum größten Teil den amtlichen Veröffentlichungen der neuseeländischen Regierung, die mir im New Zealand Office in London zugänglich waren, entnommen. Ferner wurden die Bibliotheken des Royal Colonial Institute, des Britischen Museums und der London School of Economics benützt. Weitere Drucksachen wurden mir von dem früheren neuseeländischen Minister William Pember Reeves, dem derzeitigen Direktor der London School of Economics, zur Verfügung gestellt. Ihm, sowie dem Entgegenkommen des derzeitigen High Commissioner für Neuseeland in London, Sir W. Hall-Jones, verdanke ich weitere Aufschlüsse.

Die Anregung zu der Schrift, die bereits vor dem Kriege fertig gestellt war, verdanke ich Herrn Geheimerat Professor Dr. v. Schulze-Gävernitz, dem ich auch an dieser Stelle hierfür, sowie für sein Interesse an der Arbeit und für die Förderung, die er ihr zuteil werden ließ, meinen verbindlichsten Dank abstatten möchte.

Der Verfasser.

Inhaltsverzeichnis.

	Seite
I. Einleitung	1
1. Übersicht über die Kolonisierung Neuseelands	1
2. Übersicht über die englischen Bodenreformtheorien	7
II. Die Grundlagen der Ansiedelungspolitik	31
1. Bodenreformerische Versuche in Neuseeland vor 1891	31
2. Die Grundbesitzverteilung in Neuseeland 1891	37
3. Das Landgesetz 1892	43
4. Die Grundsteuer (Land-tax)	49
III. Die Ansiedelungsgesetzgebung und ihre praktischen Ergebnisse	52
1. Die Ansiedelungsgesetzgebung im allgemeinen	52
a) Das Ansiedelungsgesetz von 1892	52
b) Die Wirkungen des Ansiedelungsgesetzes von 1892	58
c) Die Ansiedelungsgesetzgebung seit 1894	63
2. Die praktischen Ergebnisse der Ansiedelungsgesetzgebung	70
a) Das Ansiedelungsland	70
b) Die Besiedelung des zurückgekauften Landes	84
c) Die Landwirtschaft auf den Pachtgütern	94
d) Die Arbeiterheimstätten	112
e) Die finanziellen Ergebnisse der Ansiedelungspolitik	115
IV. Die Volkswirtschaft Neuseelands und die Ansiedelungspolitik. — Die neueste Wendung der Landgesetzgebung	120
V. Schluß	134
Anhang. Verzeichnis der zitierten Schriften	139

I. Einleitung.

1. Übersicht über die Kolonisierung Neuseelands.

Neuseeland, das seit 1907 die Bezeichnung Dominion of New Zealand führt, gehört zu den englischen Kolonien mit Selbstverwaltung.

Sein Klima, seine Größe, ja sogar seine Gestalt entspricht etwa derjenigen Italiens (ohne dessen Inseln)[1]. Es besteht aus folgenden drei Teilen[2]:

1. der Nordinsel . . . 44 468 Quadratmeilen,
2. der Südinsel . . . . 58 525 Quadratmeilen,
3. der Stewart-Insel . 665 Quadratmeilen,
   103 658 Quadratmeilen.

Für unsere Untersuchung kommen nur die Nord- und Südinsel in Betracht.

Die Bevölkerung, die heute noch im Verhältnis zur Größe des Landes recht spärlich ist[4], besteht vorwiegend aus Weißen, meistens Engländern. Der Kern der Bevölkerung Otagos (Südinsel) besteht indessen aus Schotten, und in Southland finden sich viele Iren. Die eingeborenen Maori, die fast alle auf der Nordinsel leben, — nur wenige Tausende finden sich in den nördlichen Teilen der Südinsel — treten an Zahl neben den Weißen ganz zurück. 1910 teilte sich die Bevölkerung

---

[1] Neuseeland liegt zwischen dem 34° und 47° südlicher Breite, Italien zwischen dem 36° und 46° nördlicher Breite. Über das Klima usw. vgl. unten den Abschnitt über die Landwirtschaft auf den Pachtgütern, S. 94 ff.

[2] Zur Dominion of New Zealand gehören staatsrechtlich noch die Chatham-Inseln sowie noch einige andere kleine pazifische Inselgruppen, die aber für die vorliegende Untersuchung keine Bedeutung haben.

[3] 1 Quadratmeile = 2,58 qkm.

[4] Die Dichtigkeit der Bevölkerung beträgt 10,1 auf eine Quadratmeile. Es bestehen also in dieser Beziehung bei den außerordentlich günstigen klimatischen Verhältnissen noch weite Möglichkeiten.

der Kolonie (1 050 410) in 1 002 679, d. h. 94,5 % Weiße und 47 731, d. h. 5,5 % Maori[1]). Die Eingeborenenfrage spielt also wegen der geringen Zahl der Maori, dann aber auch wegen ihrer weitgehenden Assimilierung an die Weißen keine bedeutende Rolle. Politisch sind sie den Weißen gleichgestellt. Die Verfassung, vom Jahre 1852, ist, wie bei englischen Siedelungskolonien üblich, im allgemeinen ein Spiegelbild derjenigen des Mutterlandes. Der Gouverneur wird vom König ernannt. Das Parlament besteht aus zwei Kammern, einem „Unterhaus" (House of Representatives) und einem „Oberhaus" (Legislative Council). Die Zahl der Mitglieder des letzteren ist gesetzlich nicht begrenzt; sie werden auf 7 Jahre vom Gouverneur ernannt. Die des Unterhauses (80) werden für 3 Jahre gewählt, wobei Männer und Frauen gleiches Wahlrecht haben. Nach englischer Überlieferung besteht das Zwei-Parteien-System. Die beiden Parteien sind heute die Progressiven und die Konservativen. Seit 1890 ist die progressive Partei die herrschende. Auch die Maori haben aktives und passives Wahlrecht, allerdings in besonderen Wahlbezirken, und sind in beiden Häusern des Parlaments, sowie im Ministerium durch Angehörige ihrer Rasse, ihrer Zahl entsprechend, vertreten[2]).

I. Seit 1840 ist Neuseeland englische Kolonie und führt damit ein staatliches Dasein. Neuseeland, das im Gegensatz zu Neusüdwales nie Sträflingskolonie gewesen ist, war bis zur Annexion durch England eine Anarchie von Abenteurern verschiedener Völker[3]). Die englische Regierung hatte diesen Niederlassungen keine Aufmerksamkeit geschenkt. Daß es schließlich doch zur Annexion kam, ist — wie so oft in der Kolonialgeschichte — die Folge privater Initiative gewesen, in diesem Falle der New Zealand Company, die 1838 zustande gekommen,

---

[1]) Die Maori gehören der polynesischen Rasse an. Sie sollen vor etwa 5 Jahrhunderten in Neuseeland eingewandert sein. Auch früher lebten sie fast ausschließlich auf der Nordinsel. Ihre Zahl, die vor 100 Jahren noch etwa 100000 betragen haben soll, zeigt in den letzten Jahren wieder eine leichte Tendenz zum Steigen: 1896 betrug sie nur 39 800. New Zealand Off. Yearb. 1911, S. 4 u. 538.

[2]) Unter den 80 Mitgliedern des Unterhauses sind nach gesetzlicher Bestimmung 4 Maori. Im Legislative Council beträgt ihre Zahl heute 2 (nicht gesetzlich bestimmt) unter 39 Mitgliedern; das Zahlenverhältnis ist also dasselbe. New Zealand Off. Yearb. 1911, S. 23.

[3]) Zimmermann, Die europäischen Kolonien, Bd. 3, S. 348.

Für die folgende Darstellung verweise ich vor allem auf folgende Schriften: 1. W. P. Reeves Ao Tea Roa, The long White Cloude, 1898. 2. Ders., State Experiments in Australia and New Zealand. 3. William Gisborne, New Zealand Rulers and Statesmen 1897. 4. G. H. Scholefield, New Zealand in evolution. 5. G. C. Henderson, Sir George Grey 1907.

ganz unter dem geistigen Einfluß Gibbon Wakefields stand[1]) und dessen Kolonisationsschema in Neuseeland praktisch durchführen wollte. Dieses Schema beruhte auf der Erkenntnis von dem Werte des jungfräulichen Bodens überseeischer Gebiete. Durch Ansiedelung weißer Kolonisten in diesen Ländern wollte Wakefield der angeblichen Übervölkerung Englands steuern. Die Ansiedelung sollte auf agrarer Grundlage in konzentrierten Siedelungen erfolgen, aber das Ziel war eine möglichst vollständige Übertragung der sozialen Schichtung Englands unter einheitlicher systematischer Leitung. Die Landspekulation sollte durch den sog. ,,sufficient price" ferngehalten werden. Daran, daß es nicht gelang, diesen Preis zu bestimmen, scheiterten schließlich die Wakefield-Siedelungen[2]). Schon 1839 hatte der Bruder Gibbon Wakefields in der Nähe des heutigen Wellington etwa 20 Millionen Acker[3]) von den Maori gekauft (ein Gebiet so groß wie Irland). Ein Beweis für die Popularität, deren sich die New Zealand Company erfreute, ist es, daß schon 1839 etwa 100000 Acker für ebensoviel £ ihr abgekauft waren. Im Januar 1840 kamen die ersten Wakefield-Siedler in Port Nicholson, dem Orte des heutigen Wellington an. Die Einrichtung der Niederlassung veranlaßte die englische Regierung, ihren bisherigen, der Annexion abgeneigten Standpunkt aufzugeben. Im Frühjahr 1840 ergriff Kapitän Hobson von Neuseeland für die englische Krone Besitz. Hobson hatte einen doppelten Auftrag von dem Kolonialstaatssekretär Lord Normanby: Einmal sollte er alle Landbesitztitel in Neuseeland prüfen und die als ungültig befundenen für nichtig erklären, und ferner sollte er das Staatsmonopol bezüglich des Landkaufs von den Maori proklamieren. Bei der Ausführung des ersteren Auftrages beging Hobson den Fehler, die Wakefield-Siedler, die von bester Qualität waren, gleich wie jene aus der Zeit vor 1839 stammenden zweifelhaften Elemente zu behandeln. Die Prüfungen dauerten 3 Jahre, und die erzwungene Untätigkeit der Ansiedler in Port Nicholson führte den finanziellen Ruin der ersten Wakefield-Siedelung herbei. Die Kolonisation kam übrigens auch ganz allgemein in Neuseeland zum Stillstand, da dem Gouverneur die Geldmittel zur Durchführung des Landkaufmonopols fehlten, und außerdem der unvermeidliche Maorikrieg ausbrach.

Mit dem Zusammenbruch der Wakefield-Siedelung in Port Nicholson war indessen die Rolle der New Zealand Company keineswegs aus-

---

[1]) Er selber gehörte ihr nicht an, nur sein Bruder und Neffe.
[2]) Vgl. auch Schachner, Australien in Politik, Wirtschaft, Kultur, S. 251.
[3]) 1 Acker (acre) = 40,46 qm.

gespielt. Eine Tochtergesellschaft der New Zealand Company, die New Plymouth Company, gründete am Anfang der 40er Jahre Taranaki und Nelson. Wichtiger als diese Gründungen waren die Kolonien, die 1848—49 auf der Südinsel, fern von dem Schauplatz des Maorikrieges, mit besserem Erfolg als auf der Nordinsel von der New Zealand Company ins Leben gerufen wurden. Dank der Unterstützung des Kolonialamts in London hatte sie sich von ihrem Zusammenbruch erholt. Der Staatssekretär Earl Grey, der sie von seiner Gouverneurzeit in Australien her kannte, gewährte ihr ein Darlehen von ¼ Million £ und überließ ihr schenkungsweise große Landstrecken auf der Südinsel in den fruchtbaren Provinzen Canterbury und Otago[1]). Der dort übliche Landpreis von £ 2 erwies sich zunächst als hinreichend, um die Landspekulation zu verhindern; ferner brachte er auch gute Einnahmen, so daß große Summen auf die Erschließung des Landes verwendet werden konnten. So boten die Siedelungen der Südinsel bald ein Bild steten Fortschritts im Gegensatz zu den Provinzen der Nordinsel, deren Entwicklung durch die Maorikriege zum Stillstand gekommen war. Der Mittelpunkt der Landwirtschaft in den Südprovinzen wurde die Schafzucht. Nach 3 Jahren schon betrug die Zahl der Schafe dort 100000. Der Wollexport, der noch heute den größten Posten der neuseeländischen Ausfuhr bildet, hatte hier seinen Ursprung.

II. Hatte bisher die private Initiative die Führung in der Kolonisierung gehabt, so änderte sich das in der Zeit, als Sir George Grey Gouverneur der Kolonie war. Zweimal Gouverneur (1845—53 und 1861—68) und einmal Ministerpräsident von Neuseeland (1877—79) hat er entscheidend in die agrare Entwicklung der Kolonie eingegriffen. In seiner Gouverneurzeit zeigte er sich als doktrinären Anhänger individualistisch-ökonomischer Anschauungen, während er später als Ministerpräsident bodenreformerische Gedanken vertrat, und zwar so radikale, daß die Mehrheit des Volkes ihm damals noch nicht folgte. Erst in neuester Zeit ist seine Saat aufgegangen. Er kann als Typus dafür gelten, wie sich die Landpolitik in Neuseeland gewandelt hat. Sein Ziel war und blieb immer die Besiedelung des Landes mit bona-fide-Siedlern. Während seiner Gouverneurzeit führte er zu diesem Zweck folgende Maßregeln ein: 1. Der Landpreis wurde 1853 auf 5 Shilling pro Acker festgesetzt, d. h. weit geringer als er in den Wakefield-Siede-

---

[1]) Diese wurden die Stätten zweier kirchlichen Gründungen, nämlich der Kolonie Otago 1848, von Mitgliedern der schottischen Freikirche, und Canterbury von solchen der englischen Hochkirche.

lungen war. 2. Das Monopol der Regierung, von den Maori Land zu kaufen, wurde aufgehoben (1862)[1]. Es handelt sich hierbei um eine praktische Anwendung des Prinzips des free trade in land, das von den individualistischen Nationalökonomen als Heilmittel gegen die Schäden der Bodenspekulation empfohlen war, und von dem sie ganz im Sinne der klassischen Nationalökonomie eine Selbstregulierung von Angebot und Nachfrage in Land zugunsten der bona-fide-Siedler erhofften[2]. Billiges Land ist ja eine der wichtigsten Bedingungen erfolgreicher Kolonisation, und es muß zugegeben werden, daß die Erwartungen, die Sir George Grey auf den billigen Landpreis gesetzt hatte, an einigen wenigen Punkten der Kolonie zur Tat wurden. Aber im allgemeinen wurde der billige Landpreis der Anlaß zu Landspekulation und Latifundienbildung, und zwar auf beiden Inseln, namentlich als nach Beendigung der Maoriunruhen (1870) die Verhältnisse auf der Nordinsel ruhiger wurden.

Die 1853 erfolgte Einführung der Verfassung war ebenfalls von großer Bedeutung für die Agrarentwicklung Neuseelands. Die Verfassung zeichnete sich durch eine weitgehende Dezentralisierung aus. Das Zentralparlament war ohne Einfluß; der Schwerpunkt der Verwaltung, vor allem die Agrarpolitik lag in den Händen der Kammern der 10 Provinzen[3]. Diese Verfassung, die einem Lande mit noch nicht 100000 Einwohnern den Luxus von 11 Regierungen bescherte[4], war ebenfalls eine praktische Anwendung individualistisch-ökonomischer Lehren. Sie war von Sir George Grey ausdrücklich mit der Begründung gefördert worden, daß jeder am besten wissen müsse, was für ihn gut sei, und daß daher jede Provinz möglichst selbständig zu machen sei[5]. Die praktische Verwirklichung dieses Ideals griff auch in die agrare Entwicklung Neuseelands bedeutend ein. Sie hatte zur Folge, daß die Südprovinzen (Canterbury und Otago) bedeutende Fortschritte machten. Sie konnten alle ihre Einnahmen für sich verwenden, ohne der Kolonie als Ganzem große Opfer bringen zu müssen. Die Entwicklung der Nordinsel hat sie hintangehalten. Die durch die Maoriunruhen erschöpften Provinzen der Nordinsel konnten aus eigener Kraft nicht die

---

[1]) Erst 1892 wurde es wieder eingeführt.
[2]) Vgl. unten S. 11.
[3]) Auf der Nordinsel: Auckland, Taranaki, Hawke's Bay, Wellington. Auf der Südinsel: Nelson, Marlborough, Westland, Canterbury, Otago, Southland.
[4]) Schachner a. a. O., S. 10ff.
[5]) Henderson a. a. O., S. 253, 257.

Mittel aufbringen, um sich zu erholen, und die glücklicheren Provinzen der Südinsel brauchten ihnen keine zu geben.

Seine Überzeugung im Sinne des free trade in land hatte Sir George Grey natürlich in Gegensatz zu dem von den Wakefield-Siedelungen vertretenen Kolonisationsschema gebracht. Besonders verhaßt wurden diese ihm deshalb, weil sie tatsächlich eine Nebenregierung auf der Südinsel bildeten. Der Kampf zwischen dem Gouverneur und den Wakefield-Kolonien endete zugunsten des ersteren infolge eines Zufalls. Die Gesellschaft konnte 1850 das ihr von Earl Grey gegebene Darlehen nicht zurückbezahlen und mußte liquidieren. Ihr Landbesitz fiel an den Staat, der ihr hierfür £ 268370 zu bezahlen hatte. Damit verschwand die Gesellschaft vom Boden Neuseelands.

III. Das Neuseeland der 60er Jahre, dessen Charakteristikum die Schafherden auf endlosen Weideflächen waren, und das den Ackerbauer nur wenig kannte, unternahm Sir Julius Vogel in den 70er Jahren durch seine Kolonisierungspolitik von Grund aus umzugestalten. Er wollte Kolonialpolitik im großen Stile betreiben. Nachdem zu diesem Zweck unter seinem Einflusse die Provinzialverfassung 1876 durch eine zentralistische Verfassung ersetzt worden war, die an Stelle der abgeschafften Provinzen eine Einteilung in Grafschaften (Counties) setzte, begann nun die Zentralregierung anfangs unter Vogel selbst — übrigens schon vor 1876 —, später unter dem Zwang seiner Ideen handelnd, die Erschließung des Landes durch Wege- und Brückenbau[1]). Hierzu war vor allem Geld nötig, und hier wurde der jungen Kolonie die Zugehörigkeit zu dem größten Geldmarkte der Welt zum Nutzen und zum Verhängnis. Das Geld erhielt sie nur zu leicht. In den 70er Jahren erlebte auch Neuseeland seine Gründerjahre; die Gründungen waren nur hier nicht industrieller, sondern agrarer Natur. Eine wilde Landspekulation, an der alles teilnahm, meist mit geborgtem Gelde, hob wenige auf Kosten vieler ruinierter Existenzen aus der Masse heraus. Damals begann die Gründung der Latifundien, die bis in die 90er Jahre anhielt. Auch der hohe Landpreis der Südprovinzen (£ 2) war nicht mehr „sufficient". Die Vogelsche Politik hatte für die Landwirtschaft den Erfolg, daß das beste Land aus Spekulationsrücksichten zur Latifundienbildung verwendet wurde. Die Latifundien blieben meistens brach liegen und waren so dem Zugang und der Nutzung des Volkes entzogen. Die Millionen des Mutterlandes waren für die Landwirtschaft Neuseelands

---

[1]) Sir Julius Vogel gehörte dem Ministerium in folgenden Jahren an: 1869—72, 1872—72, 1873—75 (Premierminister), 1875, 1876 (Premierminister), 1884, 1884—1887.

ein Danaergeschenk geworden. Die agrare Lähmung Englands schien sich auf die junge Kolonie übertragen zu wollen.

Bodenreform wurde hier nach kaum 40 jährigem Bestehen der Kolonie die wichtigste Frage. Sie schied die Parteien. Das Ergebnis des jahrelangen Parteikampfes war ein vollständiger Sieg bodenreformerischer Ideen, die von 1891 ab, seit die progressive Partei am Ruder ist, die neuseeländische Landpolitik unbedingt beherrschen. Ihre Ideen schöpft die neuseeländische Landgesetzgebung aus den Theorien der englischen Bodenreformbewegung, die deshalb hier kurz skizziert werden müssen.

2. Übersicht[1]) über die englischen Bodenreformtheorien.

Die englische Bodenreformbewegung geht in ihren Anfängen auf die zweite Hälfte des 18. Jahrhunderts zurück, d. h. die Zeit, wo in England die Umgestaltung des Agrarstaates in den Industriestaat begann. Damals fing die Verdrängung des ländlichen Kleinbetriebs, der Bauern sowie der Kleinpächter an, die heute dazu geführt hat, daß über $4/5$ des landwirtschaftlich benutzbaren Landes in England in der Hand von wenigen Großgrundbesitzern sind. Die Zerstörung des ländlichen Klein- und Mittelbetriebes vollzog sich in zwei Wellen, deren erste im 16. Jahrhundert verlief. Die Einhegungen jener Zeit hatten ihren Grund darin, daß die Wollproduktion rentabler schien als der Getreidebau.

Die zweite Welle fällt in die Zeit von 1760 bis 1840. Damals war es die Weizenproduktion zum Export, die den Großbetrieb in der Landwirtschaft rentabler erscheinen ließ. Der kapitalistisch interessierte

---

[1]) Bezüglich der folgenden Übersicht verweise ich namentlich auf folgende Schriften:
1. Diehl, Der ältere Agrarsozialismus usw. im Archiv für die Geschichte des Sozialismus und der Arbeiterbewegung. Herausgegeben von Grünberg, Bd. 1, Heft 2, S. 225 ff.
2. Diehl, Über Sozialismus, Kommunismus und Anarchismus, 1911, S. 67 ff.
3. Diehl, David Ricardos Grundgesetze der Volkswirtschaft und Besteuerung, 1905, namentlich Bd. 1, S. 159 ff.
4. v. Schulze-Gävernitz, Zum sozialen Frieden, 1890.
5. Niehuus, Geschichte der englischen Bodenreformtheorien, 1910.
6. Die Werke von John Stuart Mill werden wie folgt zitiert:
   a) Die Grundgesetze der politischen Ökonomie nach der Sammlung v. Gomperz, 1869 (zit. Princ.).
   b) Dissertations and Discussions nach der englischen Ausgabe, London 1875 (zit. Diss.).
7. Henry George, Fortschritt und Armut, nach der deutschen Ausgabe von Gütschow, 1881.

Grundherr suchte deshalb nach Möglichkeit den Großpächter an Stelle des Kleinpächters zu setzen und immer mehr Land zum Getreidebau zu verwenden. So kam es namentlich zwischen 1760 und 1840[1]) zu dem rücksichtslos betriebenen engrossing of farms und clearing of estates. Das dauernde Steigen der Grundrente, hervorgerufen durch die Ausdehnung des Getreidebaues auf immer schlechtere Böden, das den kapitalschwachen Kleinpächter finanziell ruinierte, vollendete den Untergang des Kleinpächterstandes.

Die Ursache des Untergangs des kleinen Bauernstandes liegt nach Levy in den hohen Weizenpreisen[2]), die ihm, der nicht für den Export produzierte, keinen Vorteil boten. Für ihn bedeuteten sie nur teureren Ankauf des notwendigen Getreides, steigende Löhne und infolge der Einhegungen verminderte Viehweide, was dann in den meisten Fällen zum Verkauf des Bauerngutes führte. Die Masse des englischen Bauernstandes soll nach Levy auf diese Weise schon vor 1815 verschwunden sein. Die hohen Getreidezölle, die dann einsetzten, konnten ihm nicht mehr helfen, da sie die früheren hohen Getreidepreise nicht mehr herstellen konnten, und so der Bauer außer Stande war, die früher aufgenommenen Kapitalien zu verzinsen.

Es ist hier nicht unsere Aufgabe, im einzelnen zu verfolgen, wie es gekommen ist, daß der landwirtschaftliche Mittelstand in England verschwunden ist. Uns kommt es hier nur darauf an, folgende Tatsache festzustellen: Der Mittel- und Kleinbetrieb des Bauern sowie des Pächters verschwand in England in der Zeit hoher Rentabilität der Landwirtschaft. Das Ergebnis dieser schon in den ersten Jahrzehnten des 19. Jahrhunderts vollendeten Entwicklung war Latifundienbesitz in den Händen des Adels und Großpacht einerseits — Proletarisierung der ländlichen Mittel- und Unterschicht, sowie deren Abwanderung in die Stadt andererseits.

Wie verhielt sich die Nationalökonomie zu dieser Entwicklung? Der Ruf nach Bodenreform war schon wiederholt vereinzelt erhoben worden, bereits im 18. Jahrhundert, als die schädlichen Folgen der ökonomischen Umwälzung noch gar nicht so stark in die Erscheinung getreten waren. Bodenreform konnte aber nur durch einen Eingriff in die freie Erwerbstätigkeit, in den freien Wettbewerb zugunsten der

---

[1]) Levy, Untergang kleinbürgerlicher Betriebe in England, in Conrads Jahrbüchern, 3. Folge, Bd. 26, S. 145 ff.
[2]) Ebenda.

wirtschaftlich Schwachen bewirkt werden. Hieraus ergibt sich die Stellungnahme der herrschenden, von Ricardo beeinflußten klassischen Nationalökonomie zu der Landfrage ohne weiteres. Ricardos Standpunkt ist der des manchesterlichen Geschäftsmannes, dessen einziges Ziel der pekuniäre Gewinn ist, ein Ziel, das für ihn ganz im Sinne der herrschenden wirtschaftlich starken Mittelklasse, die ja nur ökonomische, nicht aber soziale Beziehungen zu anderen Klassen kannte, durch die freie Konkurrenz zu erreichen ist. Trotzdem hat diese Nationalökonomie der ganzen späteren englischen Bodenreformbewegung die Waffen geliefert. Es ist die mit dem Namen Ricardos verknüpfte Lehre von der Grundrente, an der sich die neuere englische Bodenreformbewegung, soweit sie auf die ökonomische Begründung ihrer Ziele eingeht, bis jetzt emporgerankt hat. Diese Grundrententheorie sollte die Antwort der herrschenden Nationalökonomie auf die immer wiederholten Angriffe gegen die bestehende individualistische Gesellschafts- und Wirtschaftsordnung sein, die darauf hinaus liefen, die Rente sei ein Abzug vom Arbeitslohn, steigere die Getreidepreise und trage somit die Schuld an dem bestehenden Elende der unteren Klassen.

Auf die Grundrententheorie, die sich bekanntlich nur auf landwirtschaftlich benutzte Grundstücke bezieht, kann hier nicht näher eingegangen werden. Es sei nur kurz folgendes erwähnt: Die Rente ist nach Ricardo kein allgemeines, sondern Differentialeinkommen; sie enthält — und hierauf ist besonders Gewicht zu legen — keine Bestandteile, die auf Arbeit oder Kapitalaufwendungen zurückzuführen sind. Sie ist also arbeitsloses Einkommen, und zwar das einzige arbeitslose Einkommen, das es nach Ricardo gibt. Den „Profit" sucht er bekanntlich dadurch zu rechtfertigen, daß er ihn als einzigen Beweggrund der Kapitalansammlung hinstellt und ihn für den Kapitalisten als ebenso notwendig bezeichnet, wie den Lohn für den Arbeiter. Wenn auch die Rente im allgemeinen Differentialrente ist, so gibt Ricardo dennoch die Möglichkeit einer Monopolrente zu; diese trete dann ein, wenn aller Boden besetzt ist, und weiterer Kapitalzusatz nicht mehr lohnt, ein Fall, den er indessen praktisch kaum für möglich hält. Von technischen Fortschritten in der Landwirtschaft erwartet er keine prinzipielle Änderung des Rentengesetzes; vorübergehend könnten sie allerdings die Rente vermindern, aber nicht auf die Dauer, da die Verbesserungen im Ackerbau allen Böden gemeinsam seien.

Die Antwort Ricardos auf die Angriffe gegen die herrschende Wirtschaftsordnung ist folgende:

Die Rente ist kein allgemeiner Bestandteil des Preises, denn es giebt ja — abgesehen den kaum eintretenden Fall der Monopolrente — immer Boden, der keine Rente trägt. Die Rente ist vielmehr ein Extraprofit für den Eigentümer desjenigen Bodens, wo Getreide unter günstigeren Bedingungen produziert wird. Hohe Getreidepreise sind also nicht die Folge der Rente, sondern ihre Ursache; wenn also die Grundherren auf die Rente verzichten würden, so würde eine Ermäßigung der Getreidepreise nicht eintreten.

Die zentrale Bedeutung der Grundrententheorie für das System Ricardos liegt darin, daß sie für die Verteilung des Einkommens, damit aber für die soziale Lage der einzelnen Bevölkerungsklassen entscheidend ist, also auch die Antwort auf die Frage enthält, ob die Grundrente ein Abzug vom Arbeitslohn sei. Steigen der Rente verursacht nach Ricardo ein Steigen der Löhne, aber ein Sinken des Profits. Indessen handelt es sich bei einem Steigen des Lohnes nur um den Geldwert des Lohnes. Die Geldsumme steigt, nicht aber der Reallohn. Die hohen Preise verursachen ein Steigen des Lohnes nur, weil der Arbeiter sonst seine Existenz nicht mehr halten könnte. Sie drücken also nur aus, daß das Existenzminimum der Arbeiter gestiegen ist. Mit anderen Worten: Die Arbeiter wurden mit dem Lohngesetze Ricardos abgefunden; die Grundrente sollte also für sie nur sekundäre Bedeutung haben, da sie ja nicht die Ursache des Lohngesetzes sei, also keinen Abzug am Lohne darstelle. Daß der Profit fällt, ergibt sich aus dem Vorhergehenden ohne weiteres. Das Einkommen besteht nach Ricardo aus Arbeitslohn und Profit. Die Rente ist ein Abzug von beiden. Da nun der Lohn, der ja immer dem Existenzminimum zu gravitiert, nicht mehr vermindert werden kann, so fällt der Verlust auf den Profit.

Die sozialpolitischen Folgerungen, die Ricardo selbst aus diesem Rentengesetz zieht, sind folgende[1]): „Das Interesse des Grundherrn ist stets jenem der Konsumenten und der Gewerksunternehmer entgegengesetzt. Es geschieht im Interesse des Grundherrn, daß die Produktionskosten des Getreides und damit sein Preis größer werden. Dies liegt jedoch nicht im Interesse des Konsumenten. Dieser wünscht, daß das Getreide im Verhältnis zu Geld und Ware wohlfeil sein möge. Auch liegt es nicht im Interesse des Gewerksunternehmers, daß das Getreide im Preise hochsteht, denn ein hoher Getreidepreis wird einen hohen Arbeitslohn verursachen, nicht aber den Preis seiner Erzeugnisse

---

[1]) Ricardo, Principles of political economy. Deutsche Ausgabe von Baumstark, 1877, S. 370.

steigern." Ricardo greift aber den Grundherrn wegen seines Rentenbezuges nicht an. Denn wenn dieser auch auf die Rente verzichtete, so würde dies ja am Getreidepreis, dessen steigende Tendenz für Ricardo feststehende Tatsache ist, nichts ändern. Die Rente, die für ihn gleichsam auf einem Naturgesetz beruht, würde weiter wachsen. Als einziges Mittel, um die Getreidepreise und damit die Rente zu mindern und auf diese Weise den ökonomischen Gegensatz zwischen den Grundherren und den übrigen Bevölkerungsklassen abzuschwächen, empfiehlt Ricardo die Erleichterung der Getreideeinfuhr, die allein eine Verminderung der Getreidepreise herbeiführen könne. Nur der Grundbesitzer würde dadurch leiden, weil seine Rente vermindert würde; alle anderen Bevölkerungsklassen aber würden Vorteil von einer solchen Getreidehandelspolitik haben.

Das Ergebnis der Grundrententheorie Ricardos ist demnach, daß der wirtschaftliche Fortschritt der Menschheit infolge der für Ricardo feststehenden steigenden Tendenz der Getreidepreise von einem dauernden Wachsen der Grundrente begleitet ist, die unabwendbar das Einkommen der übrigen Bevölkerungsklassen schmälert, ja in steigendem Maße absorbiert, so daß am Ende der Entwicklung die Bevölkerung sich in zwei Teile scheidet, nämlich die rentenbeziehenden, besitzenden Grundeigentümer und die besitzlosen Arbeiter. Der Grundbesitzer ist somit als ökonomischer Feind aller anderen Bevölkerungsklassen hingestellt.

Die individualistische Nationalökonomie, soweit sie auf dem manchesterlichen Standpunkt stehen geblieben ist, hat bodenreformerische Konsequenzen aus dem Grundrentengesetz Ricardos nicht gezogen, trotzdem auch ihr die schädlichen Folgen der Latifundienwirtschaft nicht entgingen. Das Heilmittel, das sie konsequent von ihrem Standpunkt gegen diese empfahl, ist Freihandel in Land[1]) (free trade in land), d. h. Abschaffung aller gesetzlichen Bestimmungen, die die Veräußerung von Land verhindern, so z. B. von Fideikommissen. Bis in die neueste Zeit ist diese Richtung vertreten, deren Anhänger die Entstehung eines ländlichen Mittelstandes, durch das Spiel der freien Konkurrenz, erhoffen, sobald nur mehr Land auf den Markt gebracht werden würde.

Demgegenüber hat die Bodenreform im allgemeinen staatlichen Eingriff gefordert, jedenfalls bezweckt sie immer eine Beschränkung des freien Spiels der Konkurrenz. Indem wir vom Grundrentengesetze

---

[1]) Vgl. v. Schulze-Gävernitz, Zum sozialen Frieden, Bd. II, S. 160.

Ricardos ausgehen, ergiebt sich die Trennung in solche bodenreformerische Theorien, die sich ablehnend zu ihm verhielten, oder es nicht zum Ausgangspunkt ihrer Reformvorschläge machten, und solche, die auf seiner Grundlage sich entwickelt haben. Zu den ersteren gehören in England die Sozialisten und die Agrarsozialisten, d. h. die radikaleren Bodenreformer, die im allgemeinen aus ethischen Gesichtspunkten heraus die Bodenverstaatlichung fordern (Bodenreformer im weiteren Sinne[1]), zu den letzteren diejenigen, die wir als Bodenreformer im engeren Sinne bezeichnen wollen, vor allem John Stuart Mill und Henry George, die weniger radikal nur die Grundrente teilweise oder ganz der Allgemeinheit zuführen wollen.

A. Die Bodenreformer im weiteren Sinne.

I. Die Sozialisten und die Bodenreform.

Die Sozialisten haben das Ziel, alle Produktionsmittel, also auch den Grund und Boden, zum Kollektiveigentum zu machen. Eigentlich ist demnach für Bodenreform in einem sozialistischen Programm kein Platz, wenn wir unter Bodenreform solche Bestrebungen verstehen, die lediglich durch Einwirkung auf die Bodenbesitzverhältnisse die sozialen Schäden bessern wollen. Denn für die Sozialisten ist das Kollektiveigentum an Grund und Boden nur eine Forderung neben anderen. Wir verstehen daher, unter sozialistischen Bodenreformern solche, die den Grund und Boden neben den anderen Produktionsmitteln in das Eigentum des Staates, der Gesellschaft überführen wollen, denen aber die Aufhebung des Privateigentums an Grund und Boden als eines besonders krassen Falles der ungerechten Güterverteilung nur der Anfang des Übergangs zum Kollektiveigentum ist[2]). Legt man diesen Begriff zugrunde, so ergiebt sich, daß die Anfänge der Bodenreformbewegung in England sozialistisch sind.

Zunächst, d. h. bis zur Mitte des 19. Jahrhunderts, trat die Bodenreform, mochte sie sozialistisch sein oder nicht, neben der sozialistisch-revolutionären Bewegung des Chartismus ganz in den Hintergrund. Allerdings fehlt es auch der Chartistenbewegung nicht an Bodenreformern, indessen haben diese in ihrem mehr oder minder phantastisch zu Agitationszwecken zurecht gemachten Plänen, für die Bodenreformbewegung keine große Bedeutung. Vielmehr ist die Chartistenbewegung,

---

[1]) Vgl. Diehl, Sozialismus usw., S. 68.
[2]) Vgl. Diehl a. a. O., S. 68.

d. h. das Aufkommen des Sozialismus ganz allgemein, für die moderne Bodenreformbewegung entscheidend gewesen. Denn erst durch die Verbreitung sozialistischer Ideen wurde ein Eingreifen zugunsten der wirtschaftlich Schwachen überhaupt denkbar[1]). Die herrschenden Mittelklassen haben in den ersten Jahrzehnten des 19. Jahrhunderts sozialistische Gedanken in sich aufgenommen; sie haben damals aufgehört, die Beziehungen zu anderen Bevölkerungsklassen, insbesondere zu den Lohnarbeitern, als rein ökonomische zu betrachten und jede Bemühung zur Hebung der wirtschaftlich Schwachen zu verwerfen. Mit einem Wort, sie begannen der unbedingten wirtschaftlichen Freiheit des Individuums das Gemeinwohl entgegenzusetzen. Jener Befruchtung der individualistischen Nationalökonomie durch sozialistische Gedanken verdankt die heutige englische Bodenreformbewegung im allgemeinen ihre Entstehung.

Als Typus eines sozialistischen, zugleich des ersten Bodenreformers in England, sei hier Thomas Spence[2]) genannt, der schon vor dem Erscheinen von A. Smiths Wealth of nations auftrat (1775). Aus naturrechtlichen Gedanken von der Freiheit und Gleichheit aller Menschen leitet er ein gleiches Recht der Menschen auf den Grund und Boden ab. Dieses gleiche Recht ist aber jetzt vereitelt, da durch die Einrichtung des Privateigentums die Grundherren den Anspruch der übrigen Menschen auf den Grund und Boden widerrechtlich zunichte machen. Solche naturrechtliche Deduktionen finden sich bei sämtlichen folgenden Bodenreformern Englands, denen eben bei ihren Theorien immer die ungesunden landwirtschaftlichen Besitzverhältnisse ihrer Heimat vor Augen sind. Von dem Standpunkt des Naturrechts aus muß aber das Privateigentum an Grund und Boden, das „Land-Monopol", immer bekämpft werden. In der Bodenfrage kann nach Spence, wenn man die Verwirklichung jener naturrechtlichen Ziele bezweckt, nur eine radikale Änderung helfen und diese besteht darin, daß der gesamte Grund und Boden mit allem Zubehör, Häusern und Produktionseinrichtungen, in das Eigentum der Gesellschaft, oder wie Spence will, der einzelnen Pfarrgemeinden übergehen soll, die dann ihrerseits das Land an die einzelnen Gemeindemitglieder verpachten sollen. Die Pachtrente soll dann die einzige Einnahme der Gemeinde bilden. Die spencischen naturrechtlichen Ideen, so phantastisch sie waren, sind infolge seiner agitatorischen Tätigkeit und der des Bundes der spencischen Menschen-

---
[1]) v. Schulze-Gävernitz, Zum sozialen Frieden, Bd. II, S. 80 ff.
[2]) Niehuus, S. 17 ff., Diehl a. a. O., S. 69.

freunde nicht ganz ohne Einfluß in England geblieben. Ihre theoretische Begründung erhielten sie erst 5 Jahrzehnte später.

Die Sozialisten lehnen bekanntlich in ihrer Mehrwertlehre die Grundrententheorie Ricardos ab. Sie vertreten hierin die Theorie, daß der Wert eines Gutes gleich der Menge der auf seine Herstellung verwendeten Arbeit ist, und daß der Wert des Produktes der Arbeit mehrerer gleich der Summe der Arbeitsprodukte der einzelnen sein muß. Dieser Wert, das Produkt der Arbeit, stellt nach A. Smith, dem die Sozialisten in dieser Beziehung folgten, die natürliche Entschädigung oder den Arbeitslohn dar. Diesen erhält der Arbeiter nicht, sondern nur das zum Leben unbedingt notwendige. Den Rest des Arbeitsproduktes bekommt der Kapitalist in Form des Profits, der Grundherr in Form der Rente. Neben den Kapitalprofit trat somit unter Ablehnung der gesuchten Rechtfertigung des Profits durch Ricardo als zweites arbeitsloses Einkommen, die Grundrente. Aber nur das Einkommen, das auf Arbeit beruht, erschien in der Wertschätzung der Sozialisten berechtigt, und so zogen sie zum ersten Male bezüglich der Grundrente die Folgerung, von der später alle Bodenreform ausging, daß sie als unverdientes Einkommen ungerecht sei. Das ist der Schluß, den Thompson, einer der theoretischen Begründer des englischen Sozialismus, zieht[1]). Eine gerechte Verteilung, die dem Arbeiter als Werterzeuger seinen verdienten Anteil am Einkommen giebt, kann nur durch eine radikale Umgestaltung der bestehenden individualistischen Wirtschaft im sozialistischen Sinne stattfinden.

Wie erwähnt, spielt bei den sozialistischen Bodenreformern die Bodenreform nur eine untergeordnete Rolle. Vor allem bei einer revolutionären Bewegung, wie der Chartismus es war, der eine radikale politische Umwälzung bezweckte, ist für Reformen, besonders solche mit theoretischen Begründungen, kein Platz. Wo von chartistischen Führern der Ruf nach Bodenverstaatlichung erhoben wurde, geschah dies in erster Linie zu Agitationszwecken, dann aber auch mit dem praktischen Zweck, die durch das Armengesetz von 1834 verschlechterte Lage der invaliden Industriearbeiter, die man, nachdem sie einige Jahrzehnte ausgenutzt waren, im Arbeitshause enden ließ[2]), durch Rückgriffe auf das Land zu erleichtern, indem man ihnen kleine Landstücke überlassen wollte, um ihre wirtschaftliche Existenz bei Lohnschwankungen sicherzustellen. So wurden die Reformvorschläge alle

---
[1]) Diehl a. a. O., S. 343.
[2]) Hierzu v. Schulze-Gävernitz a. a. O., Bd. I, S. 41 ff.

mit Rücksicht auf die Arbeitslosen gemacht, liegen somit schon innerhalb der Ziele des praktischen, nicht mehr des revolutionären Sozialismus. Es lag nahe genug, daß die Industriearbeiter, die zum großen Teile eine agrare Vergangenheit hatten, sich dieser erinnerten und ihr trauriges Schicksal in Erinnerung an diese verbesserten. Diesem Streben kam die allgemeine Überzeugung entgegen, daß das Recht auf Armenunterstützung auf ein entzogenes Recht am Grund und Boden zurückzuführen sei, die immer, auch von bürgerlichen Radikalen, wiederholt, niemals in der Erinnerung der Arbeiter ausgestorben war.

Thomas Paine[1]), ein revolutionärer Agitator der vorchartistischen Zeit, hatte mit dieser Begründung schon 1797 eine einmalige Zahlung an jeden Bürger als Ersatz für den Verlust seines natürlichen Erbes, des Bodens nämlich, und eine Alterspension vom 50. Lebensjahre ab gefordert.

Auch das Schema des chartistischen Bodenreformers O'Brien[2]) geht im wesentlichen auf diesen Gedanken zurück. Die Regierung sollte nach ihm ihren Besitz und ihr überschüssiges Einkommen zum Ankauf von Land verwenden, um darauf Arbeitslose als Staatspächter anzusetzen. Nach und nach sollte dann der Staat die so einkommenden Pachtgelder zu weiterem Ankauf von Land verwenden, bis alles Land sich in seinem Besitz befände und an Staatspächter verpachtet werden könnte.

Der Umschwung zu dem Standpunkt, den der englische Arbeiter heute im allgemeinen einnimmt, dem des praktischen Sozialismus, des Gewerkvereins, tritt noch deutlicher bei O'Connor[3]) in die Erscheinung, der der Urheber der sogenannten Small-farm-Bewegung wurde. In seinen Bestrebungen wurde er von dem Gedanken geleitet, in der Landwirtschaft einen festen Maßstab finden zu können, der für alle Handarbeit maßgebend sein könnte. Dies Ziel kann aber, so glaubte er, nur im Kleinbetrieb erreicht werden, und um den Arbeitslohn möglichst rein herauszubekommen, will O'Connor möglichst wenig Kapital und landwirtschaftliches Gerät verwendet haben. Er ist der einzige Bodenreformer, der sich zur Erreichung seiner Ziele nicht an den Staat um Hilfe wendet, sondern die Besiedlung des Landes auf genossenschaftlichem Wege nach Owenschem Vorbilde durchführen will (1845) und dies Ziel auch tatsächlich eine kurze Zeit — Ende der 40er Jahre —

---

[1]) Vgl. Niehuus a. a. O., S. 47ff.
[2]) Niehuus a. a. O., S. 99ff.; Diehl a. a. O., S. 71f.
[3]) Niehuus a. a. O., S. 91ff.

verwirklichte. Land wurde gekauft und dieses Land an die Genossen verlost, die aber nicht Eigentümer ihres Stückes wurden, sondern hierfür einen Pachtzins zu entrichten hatten. Welche Anziehungskraft diese Idee auf die Arbeiter ausübte, geht daraus hervor, daß sich nach zwei Jahren bereits 100000 Zeichner mit einem Kapital von £ 100000 gesammelt hatten, und zur Deckung der Kreditbedürfnisse der Ansiedler bereits eine Bank ins Leben gerufen wurde. Das Unternehmen brach zusammen, weil die Regierung die Verlosung des Landes für ungesetzlich erklärte, noch bevor die small-farm-Idee ihre Lebensfähigkeit hatte beweisen können.

Insoweit die heutigen sozialistischen Organisationen Englands bodenreformerische Ideen vertreten, stehen sie im allgemeinen auf dem Boden des praktischen Sozialismus.

II. Die Agrarsozialisten.

Der hervorragenste Vertreter des Agrarsozialismus in England, zugleich der einzige ,der ein bodenreformerisches System entwickelt hat, ist Alfred Russel-Wallace, dessen Werk Land nationalisation, its necessity and its aims, 1882 erschien. Er folgt zeitlich hinter Mill, kann aber doch vor ihm behandelt werden, da er von ihm prinzipiell in seinen bodenreformerischen Plänen nicht beeinflußt ist. Die Agrarsozialisten wollen keine vollkommene Umgestaltung der bestehenden Wirtschaftsordnung wie die Sozialisten. Nur beim Grund und Boden soll das jetzige Privateigentum durch das Kollektiveigentum ersetzt werden. Dies ist im wesentlichen das Programm der Land Nationalisation Society. Man sollte meinen, daß der Agrarsozialismus sich als die radikale Nutzanwendung der Grundrententheorie Ricardos entwickelt habe. Wenn der Grundbesitzer der ökonomische Feind aller ist, und die von ihm bezogene Grundrente die Einkommenverteilung ungünstig beeinflußt, so folgt als radikale Nutzanwendung hieraus: Man schaffe das Privateigentum an Grund und Boden ab, und jene verderblichen ökonomischen Folgen werden von selbst verschwinden.

Der englische Agrarsozialismus hat sich aber nicht auf Grund dieser Folgerung entwickelt. Bei Wallace tritt die theoretische Begründung der bodenreformerischen Bestrebungen ganz zurück. Öfters weist er zwar auf die Grundrente als eine der Allgemeinheit schädliche Tatsache hin, aber dies ist bei ihm nur ein Argument von geringer Bedeutung. Allerdings hat er am Ende seines Buches, nachdem seit dessen Drucklegung das Werk Henry Georges, Fortschritt und Armut, erschienen war, das sich bekanntlich ganz auf der Grundrententheorie Ricardos aufbaut, erklärt, er stimme theoretisch vollkommen mit Henry George überein. Indessen findet sich sonst bei ihm kein Anhaltspunkt, daß die Grundrententheorie Ricardos der Ausgangspunkt seiner Reformpläne ist, so daß dies Bekenntnis zu Henry George nur als ein nachträgliches Anerkennen einer Theorie, die die Ausführungen von Wallace zu begründen geeignet ist, angesehen werden kann.

Die Ursache, weshalb inmitten zunehmenden Reichtums eine dauernde Zunahme der Armut stattfindet, sieht Wallace unter dem Eindruck der englischen Latifundienwirtschaft, im privaten Eigentum an Grund und Boden. In erster Linie finden sich bei ihm naturrechtliche Deduktionen auf Grund der Arbeitswerttheorie zur Begründung seiner Ablehnung des Privateigentums. Seine Gedankengänge berühren sich eng mit physiokratischen Anschauungen. So teilt er die Bevölkerung in produktive und unproduktive Klassen ein, und als erste und wichtigste der produktiven Klassen bezeichnet er die der Ackerbauer, die eben in England kaum vertreten sei. Dann lehnt er im Sinne der individualistischen Nationalökonomie staatlichen Schutz und Förderung von Industrie und Handel ab, fordert dann aber im Gegensatz zu der individualistischen Lehre staatliche Maßnahmen zum Schutz und zur Förderung der landwirtschaftlichen Bevölkerung, die durch das Wachsen der Städte vermindert werde. Allerdings entsprach seine Unterscheidung zwischen landwirtschaftlichem Kleinbesitz, der allein produktiv sei, und allein unproduktivem Großbesitz nicht der physiokratischen Anschauung. Schließlich kommt er denn zu dem Ergebnis, daß das Privateigentum am Grund und Boden aufzuheben ist, da es 1. mit dem Naturrecht des Individuums unvereinbar ist, 2. zum Reichtum weniger und zur Armut vieler führt, und 3., weil der Wert des Bodens Produkt der Gesellschaft ist. Ob er unter letzteren Begriff auch die Grundrente subsumiert, bleibt bei ihm unklar. Immer aber steht im Hintergrund seiner Argumentationen die Gestalt des englischen Latifundienbesitzers, an dessen Stelle er mit ausdrücklicher Verweisung auf eine Stelle der Principles von Mill, wo dieser über den Nutzen kleinbäuerlicher Betriebe spricht, das Land mit selbständigen landwirtschaftlichen Kleinbetrieben bevölkern will. Um dies Ziel zu erreichen, und um jede zukünftige Bildung von Latifundien verhindern zu können, fordert er Verstaatlichung des gesamten Grund und Bodens, auch des städtischen. An Stelle des Privateigentums soll das Eigentum des Staates treten. Indessen soll der Staat nicht selbst die Bewirtschaftung vornehmen lassen, sondern er soll das

Land an Staatspächter mit dem Verbote der Unterpacht abgeben. Die so einkommenden Pachtzinsen sollen ihm zugleich die Mittel liefern, um allmählich alles Grundeigentum zu erwerben.

Hierbei unterscheidet Wallace der Arbeitswerttheorie folgend, den dem Boden innewohnenden, reinen Wert (inherent value) und die Verbesserungen, Gebäude usw. Nur ersterer soll Staatseigentum werden. Letztere aber sollen als Arbeitsprodukt im privaten Eigentum und freien Verkehr bleiben. Der reine Bodenwert soll durch Einschätzung bestimmt werden. Für letzteren bezahlt der Staatspächter seinem Rechtsvorgänger das sog. tenant right, nnd wird dadurch dessen Eigentümer. Für den reinen Bodenwert aber bezahlt er dem Staat eine quit rent. Der Staat seinerseits benutzt letztere zur Entschädigung der bisherigen Grundbesitzer. Diese sollen nicht mit einer Kapitalsumme, sondern mit Rentenzahlungen, und zwar für mehrere Generationen abgefunden werden. Die Größe des einzelnen Pachtstückes will Wallace nicht begrenzen. Das Verbot der Unterpacht genügt ihm. In Anlehnung an die durch Mill ihm übermittelten Gedanken von der Verpflichtung des Landbesitzers zum Landbau[1]) fordert Wallace, daß jedermann sein Pachtstück selbst bebauen soll. Diese Art des Besitzes, die Wallace occupying ownership nennt, wo also der Eigenbesitz mit der Bewirtschaftung des Pachtstückes in einer Person vereinigt werden soll, kann nur die Form des Kleinbetriebes annehmen, und damit ist ja das Ziel von Wallace, die Vernichtung des landwirtschaftlichen Großbetriebes und dessen Ersetzung durch den Kleinbetrieb, erreicht. Mit naturrechtlicher Begründung fordert Wallace endlich, daß jeder Engländer einmal in seinem Leben das Recht haben solle, sich ein Landstück auszuwählen, dieses Recht aber nur einmal ausüben dürfe, damit die Spekulation verhindert wird. Diese rein naturrechtliche Forderung ist von Wallace wohl nur mit Rücksicht auf die Industriearbeiterschaft erhoben worden, bei der der Zug zum Lande im Vergleich zu deutschen Verhältnissen merkwürdig stark ist. Wallace selbst spricht auch wiederholt davon, daß er mit seinem Reformplan die industrielle Bevölkerung in erster Linie im Auge hat.

Die mit Rücksicht auf den kaum zu bestimmenden reinen Bodenwert etwas utopisch anmutenden Vorschläge von Wallace sind keineswegs von ihm zum ersten Male erhoben worden. Schon 100 Jahre vor

---

[1]) Vgl. S. 22/23.

ihm hat ein Aberdeener humanistischer Professor, William Ogilvie[1]), in einer Schrift über das Eigentum an Land 1782 ähnliche Forderungen wie Wallace erhoben, so vor allem die naturrechtlich egalitäre, daß jeder Engländer sich ein gleich großes Stück seines Mutterlandes auswählen dürfe. Namentlich geht aber die Unterscheidung zwischen dem reinen Bodenwert und dem verbesserten auf ihn zurück. Ogilvie hatte außerdem noch einen dritten Wert unterschieden, nämlich den, — wie er sagte — kulturfähigen Wert des Bodens, worunter er das Recht verstand, die möglichen Verbesserungen vorzunehmen. Auch Ogilvie hatte damals schon aufgestellt, daß bei seinem Reformplane, der auch Bodenverstaatlichung bezweckte, nur der verbesserte Bodenwert in das Privateigentum fallen dürfe.

In seinen physiokratischen Gedankengängen ist Wallace ebenfalls nicht originell. Bodenreformer mit physiokratischen Ideen hatte es in England schon vor ihm gegeben. Aber nur der landwirtschaftliche Kleinbetrieb war ihnen in physiokratischem Sinne produktiv, und zwar aus denselben Gründen, die wir bei Wallace kennen gelernt haben. Die Großgrundbesitzer bezeichneten sie, z. B. John Grey 1797[2]), als idle men, als zur unproduktiven Klasse gehörig. Von physiokratischem Standpunkte aus hatte schon 1805 Charles Hall[3]) die Verstaatlichung des gesamten Grund und Bodens und Verpachtung an Staatspächter empfohlen. Die anderen physiokratischen Bodenreformer begnügten sich mit der Forderung des impôt unique, mit dem sie die Grundrente, die als arbeitsloses Einkommen in die Taschen der Grundbesitzer floß, zu treffen und der Allgemeinheit auf diese Weise nutzbar zu machen hofften, so schon 1797 Grey und 1821 Ravenstone[4]).

B. Die Bodenreformer im engeren Sinne.

I. John Stuart Mill.

John Stuart Mills bodenreformerische Pläne, die heute in England von der Land Tenure Reform Association vertreten werden, gehen alle von der Tatsache der Grundrente als einem unverdienten, daher ungerechtfertigten Wertzuwachs aus. Er ist nicht der erste Nationalökonom, der so zu bodenreformerischen Ideen kam. Schon sein Vater,

---

[1]) Diehl a. a. O., S. 77; Niehuus a. a. O., S. 31.
[2]) Niehuus a. a. O., S. 60.
[3]) Niehuus a. a. O., S. 67.
[4]) Niehuus a. a. O., S. 75.

James Mill, hatte in seinen Elements of political economy Ansätze dazu gegeben. Wir kommen weiter unten darauf zurück.

Die Bedeutung John Stuart Mills liegt ganz allgemein darin, daß er die individualistische nationalökonomische Theorie mit den durch sozialistische Gedanken veränderten Anschauungen seiner Zeit zu vereinigen suchte. Er ist hierin charakteristisch für die Mittelklassen des damaligen England[1]). So wurde er der erste bedeutende Nationalökonom, der in England die soziale Frage anerkannte, und darauf beruht seine Bedeutung und sein großer Einfluß auf die englische Nationalökonomie und die Bodenreform bis heute. Er steht am Anfang der englischen Bodenreformbewegung, so weit sie ihre Forderungen wissenschaftlich zu begründen sucht. Die theoretische Grundlage seiner bodenreformerischen Bestrebungen ist das Grundrentengesetz Ricardos. Auszugehen ist von der Werttheorie. Mill schließt sich in dieser eng an Ricardo an, der bekanntlich in seinen Principles noch nicht, aber später eine Produktionskostentheorie vertrat, also nicht mehr die in den Gütern enthaltene Arbeit als einziges Wertmaß annahm, sondern auch die Höhe des Kapitalgewinnes bzw. Lohnes für die Wertbildung bestimmend sein ließ. Mill sieht die Produktionskosten, als deren hauptsächlichstes, ja fast einziges Element ihm die Arbeit erscheint, als Wertmaßstab an. Wenn er demnach auch, streng genommen nicht zu den Arbeitswerttheoretikern zu rechnen ist so steht er ihnen doch sehr nahe. Die naturrechtliche Folgerung aus der Arbeitswerttheorie, die die Sozialisten zuerst gezogen haben, nämlich daß man im Prinzip jedem ein Recht auf das Produkt seiner Arbeit zugestehen müsse, hat auch er gezogen. Mill erkennt das Grundrentengesetz Ricardos ausdrücklich an. Sein Standpunkt ist aber nicht mehr so schroff wie der Ricardos. Zunächst ist für ihn die Grundrente nicht mehr ein einzig dastehendes Phänomen, sondern er sieht in ihr nur einen Extragewinn — ähnlich wie es in neuester Zeit wieder Marshall getan hat —, wie er in analoger Weise auch bei industriellen Geschäften häufiger vorkomme, als man gewöhnlich annehme, z. B. bei einem Erfindungspatent, wodurch die Produktionskosten sich vermindern. Wenn der Wert des Erzeugnisses nach wie vor dadurch reguliert wird, was es denen kostet, die genötigt sind, bei dem alten Verfahren zu bleiben, so macht der Patentinhaber einen Extragewinn, der dem Vorteile gleichkommt, den sein Verfahren vor dem der übrigen voraushat, einen Extrakapitalgewinn, der wesentlich der Rente

---

[1]) vgl. v. Schulze-Gävernitz a. a. O., S. 98.

gleicht[1]). Auf den Lohn wirkt die Rente auch nach John Stuart Mill nicht ein. An Stelle des Lohngesetzes, womit Ricardo die Arbeiter abgefunden hatte, tritt bei Mill die Lohnfondstheorie, nach der die Höhe des Lohnes ebenso wie bei Ricardo im letzten Grunde auf Bevölkerungsprinzipien zurückgeht[2]). Der Kapitalzins ist für Mill wie für Ricardo berechtigtes Einkommen, nicht unverdienter Zuwachs wie die Grundrente. Er wird allerdings von der Grundrente beeinflußt. Indessen vertritt Mill eben hier nicht den schroffen Standpunkt Ricardos, sondern er erörtert ausdrücklich den Fall, daß zeitweise auch der Kapitalzins auf Kosten der Grundrente steigen könne, z. B. dann, wenn das Kapital und die Bevölkerung die Tendenz habe, sich zu vermehren[3]). Das Rentengesetz hatte demnach bei ihm nicht mehr die zentrale Bedeutung für die Einkommensverteilung wie bei Ricardo. Die Grundrente beeinflußt letztere nach Mill nur in gewissen Beziehungen ungünstig, ist aber nicht allein hierfür maßgebend. Freilich im Endergebnis kommt er zu ähnlichen Schlußfolgerungen wie Ricardo. „Das wirtschaftliche Fortschreiten einer Gesellschaft, die aus Kapitalisten und Arbeitern besteht, hat die Tendenz, die Grundeigentümerklasse progressiv zu bereichern, während die Kosten der Subsistenz der Arbeiter im ganzen genommen steigen und der Kapitalgewinn sinken wird[4])." Daß Mill zu diesem Ergebnis kommt, beruht darauf, daß auch er wie Ricardo von der Annahme einer dauernd steigenden Grundrente, die wie ein Schatten dem steigenden wirtschaftlichen Fortschritt und der steigenden Bevölkerung folgt, ausgeht. Für ihn ist das Land die einzige Art von Eigentum, das dauernd infolge natürlicher Ursachen im Werte steigt[5]).

Die Grundrente als unverdienter Wertzuwachs (unearned increment) ist es, auf die Mill seinen Angriff richtet. Die Rente ist das Produkt der Arbeit von anderen, und dieses arbeitslose Einkommen wächst dauernd. Die Forderung, daß dieser Wert nach Möglichkeit seinen Erzeugern, also in diesem Falle der Allgemeinheit zugeführt werden müßte, die ja die Sozialisten zuerst erhoben hatten, war die Konsequenz, die in der Arbeitswertlehre ihre theoretische Begründung fand und allgemein dem Empfinden der Zeit entsprach. Zu berücksichtigen ist

---

[1]) Mill, Princ., Bd. II (Gompertz), S. 145.
[2]) vgl. Diehl, Ricardo, Bd. II, S. 65ff.
[3]) Mill, Princ. Bd. III, S. 18ff., 23.
[4]) Mill, Princ., Bd. III, S. 34.
[5]) Mill, Diss., Bd. IV, S. 262.

hierbei immer, daß es sich in England um ein Land mit allen Schäden der Latifundienwirtschaft handelt, wo die Grundrente natürlich ganz anders zu beurteilen ist, als in einem Lande, mit bäuerlichem Kleinbetrieb. Auch Mills Leidenschaft im Kampf gegen die Rente erklärt sich nur aus den Grundbesitzverhältnissen seiner Heimat. Daß die Möglichkeit dieser Folgerung, die Grundrente der Allgemeinheit zuzuführen, deutlich empfunden wurde, beweist u. a. der Versuch, die Grundrententheorie von Carey (1837) und Bastiat (1848), die ja die Sonderexistenz einer Grundrente leugneten und erklärten, die Grundrente sei auf Arbeit und Kapitalverwendung, also die Elemente, die in die Werttheorie hineinpaßten, zurückzuführen, zur Verteidigung der bestehenden Verhältnisse zu benutzen. Diese Theorie bekämpft Mill ausdrücklich mit dem Bemerken, „sie sei nur aufgestellt worden, um das Eigentum an Grund und Boden in wirksamerer Weise, als dies sonst möglich wäre, zu verteidigen[1]."

Bezeichnend ist aber, daß Mill es schon für nötig fand, das Eigentum an Grund und Boden zu rechtfertigen. Geht man von der Arbeitswertlehre aus, so ist das Grundeigentum nicht zu begründen, denn der Boden ist kein Produkt der Arbeit; indessen beruhigt Mill das ökonomische Gewissen dadurch, daß er das Eigentum an Grund und Boden in folgender Weise rechtfertigt: „Obschon der Boden nicht durch Erwerbstätigkeit hervorgebracht ist, so gilt dies doch von seinen meisten wertvollen Eigenschaften. Arbeit ist nicht allein zu seiner Benutzung, sondern fast in gleichem Maße zum Instandsetzen dieser Erwerbsmittel erforderlich. Oftmals wird gleich anfangs beträchtliche Arbeit erfordert, um das Land urbar zu machen. Selbst nachdem es urbar gemacht ist, ist seine Produktionsfähigkeit völlig die Wirkung der Arbeit und der Kunst[2];" „das Grundeigentum hat also nur insofern Geltung, als der Besitzer des Bodens auch für die Verbesserungen desselben etwas getan hat. Wenn in einem Lande der Besitzer aufhört, für Verbesserungen zu sorgen, so hat die Volkswirtschaft zur Verteidigung der bestehenden Landeigentumsverhältnisse nichts mehr anzuführen. Keine gesunde Theorie des Privateigentums hat je die Sache so angesehen, daß der Landeigentümer lediglich ein hierauf angewiesener Sinekurist sein sollte[3]." Der Landeigentümer sollte also nur als Produzent von Lebensmitteln Berechtigung haben. Dies entspricht auch dem allgemeinen

---

[1] Mill, Princ., Bd. II, S. 93.
[2] Mill, Princ., Bd. I, S. 240.
[3] Mill, Princ., Bd. I, S. 242.

Nutzen, der allein die Aneignung von Land rechtfertigen kann[1]). Im Grunde genommen steht Mill also noch auf dem Standpunkt der klassischen Nationalökonomie, die im Eigentum den stärksten Antrieb zu wertschaffender Produktion sah. Wiederholt spricht Mill von der magischen Gewalt des Eigentums, aber er findet sie nur beim landwirtschaftlichen Kleinbesitz. Den Großgrundbesitz schließt er hiervon ausdrücklich aus. Somit richten sich seine Angriffe gegen das Eigentum nur gegen den Großgrundbesitz, nicht aber gegen den landwirtschaftlichen Kleinbetrieb oder das Eigentum überhaupt. In späteren Jahren ist er hierin allerdings radikaler geworden. In seinen Dissertations hat er wiederholt die Bodenverstaatlichung ganz allgemein gefordert[2]), allerdings nicht so, daß er sie in sein Bodenreformprogramm aufgenommen hätte, aber immerhin hat er sie als erstrebenswertes Ziel hingestellt. Wenn er sie in sein Bodenreformprogramm nicht aufnahm, so geschah dies nur deshalb, weil er die Menschen innerlich für die Form des Kollektiveigentums noch nicht für reif hielt. An einer Stelle, wo er von den Bestrebungen der Land and Labour league spricht, den Boden zu verstaatlichen, sagt er: „Ich möchte sagen, daß die Sache — nämlich die Bodenverstaatlichung — dann richtig ausgeführt werden könnte, wenn es zweckdienlich ist, und ich weiß nicht, warum uns das in Zukunft nicht beschieden sein soll; aber jetzt halte ich es entschieden für ungeeignet.... Es erfordert, fürchte ich, einen weit höheren Grad von öffentlicher Tüchtigkeit und öffentlichem Verständnis, als bis jetzt erreicht ist, allen Boden eines Landes, wie des unseren, zu verwalten[3])." Wenn er also seine Zeitgenossen noch nicht für innerlich reif hielt, zur Verstaatlichung alles Grund und Bodens, so wünscht er wenigstens, daß die Bodenreformer sich in der Forderung vereinigen sollten, daß kein Stück Land, das bis jetzt nicht Privateigentum sei, in Zukunft unter irgendeinem Vorwand Privateigentum werden dürfe[4]). Ferner verlangt er Ankauf alles zu Sportzwecken benutzten Bodens durch den Staat, der auf diesem Lande die Landarbeiter mit niedrigem Pachtzins ansiedeln solle.

Seine praktischen Reformvorschläge gingen darauf, daß die Grundrente auf dem Wege der Besteuerung der Allgemeinheit nutzbar gemacht werden soll. Verfolgt man diesen Gedanken konsequent, so kommt man zur Forderung, daß die ganze Grundrente an den Staat fallen muß,

---
[1]) Mill, Princ., Bd. I, S. 243.
[2]) Mill, Diss., Bd. IV, S. 256.
[3]) Mill, Diss., Bd. IV, S. 256.
[4]) Mill, Diss., Bd. IV, S. 246.

eine Forderung, die Mill selbst später einmal in seinen Dissertations ausgesprochen hat: „Wir machen im Prinzip geltend, sie vollständig zu nehmen[1]." Aber in seinen praktischen Vorschlägen ging er nicht so weit. Hier begnügte er sich, wie gesagt, mit dem Vorschlag der Besteuerung. Daß er der Tatsache der Grundrente keine zentrale Bedeutung beimaß — wovon schon oben die Rede war — geht auch daraus hervor, daß er in den Principles ihre Besteuerung nur nebenbei in der Steuerlehre erörtert[2]. Es soll nach dem Projekt Mills nur der zukünftige unverdiente Wertzuwachs besteuert werden. Meliorationen und sonstige Kapitalauslagen sollen als Arbeitsprodukte steuerlos bleiben. Eine Überwälzung der so erhobenen Steuer von den Grundherren auf andere erscheint ausgeschlossen, ebenso wie eine Einwirkung der Steuer auf die Preisbildung bei den landwirtschaftlichen Produkten.

Einen ähnlichen Vorschlag mit ähnlicher Begründung hatte bereits James Mill[3], der Vater John Stuart Mills, gemacht. Auch bei ihm handelt es sich nur um eine Besteuerung des künftigen Wertzuwachses, in der er wie John Stuart Mill eine ergiebige, nie versiegende Steuerquelle sah.

Um jede Ungerechtigkeit gegen den Grundbesitzer zu vermeiden, soll es nach John Stuart Mill jedem Grundeigentümer freistehen, sein Grundeigentum zu dem Schätzungswerte an den Staat zu verkaufen[4] in folgenden Fällen: 1. Wenn er der Steuer auf den unverdienten Wertzuwachs entgehen will, und 2. wenn er seiner Meinung nach zu hoch eingeschätzt ist. Das sind individualistische Nachklänge, die zeigen, daß die Besteuerung des unverdienten Wertzuwachses in der damaligen Zeit als eine äußerst radikale Maßregel angesehen worden sein muß.

Die Voraussetzung der Durchführung der Reform ist eine Einschätzung des gesamten Grund und Bodens. Der jetzige Wert soll von jeder Besteuerung frei bleiben. Daß die Bodenrente schwer zu bestimmen ist, ist Mill nicht entgangen; ausdrücklich hat er in seinem Projekt bemerkt, daß man auf Ungenauigkeiten rechnen müsse; indessen seien die Schwierigkeiten der Rentenbestimmung in England, wo es sich fast ausschließlich um Latifundien handle, nicht so sehr groß.

Trotzdem Mill von der Grundrententheorie Ricardos, die nur für

---

[1] Mill, Diss., Bd. IV, S. 301.
[2] Mill, Princ., Buch V, Kap. II § 5 (Bd. III, S. 127).
[3] vgl. Niehuus a. a. O., S. 167.
[4] Mill, Diss., Bd. IV, S. 293.

landwirtschaftliche Grundstücke aufgestellt ist, ausgeht, sollen alle Grundstücke, auch die städtischen, in gleicher Weise besteuert werden, da ja namentlich hier sich der unverdiente Wertzuwachs am meisten äußert.

II. Henry George.

John Stuart Mill hatte bei der Erörterung seiner Reformvorschläge gesagt: Im Prinzip machen wir die Forderung geltend, die Grundrente vollständig zu nehmen. Dies ist der Standpunkt Henry Georges, der die Aneignung der Grundrente durch den Staat als Universalheilmittel für die soziale Frage empfohlen hat.

Henry George ist Amerikaner. Trotzdem muß er hier in einer Darstellung der englischen Bodenreformbewegung behandelt werden, weil er in seinen ökonomischen Anschauungen vollständig in der englischen klassischen Nationalökonomie wurzelt und in England großen Einfluß auf die Bodenreform erlangt hat. Heute werden seine Ideen in England von dem aus mehreren Vereinigungen 1901 hervorgegangenen United Committee for the taxation of lands vertreten. Es sind nicht die englischen Verhältnisse, unter deren Eindruck er die Bodenreform behandelt, sondern ganz allgemein will er in seinem 1882 erschienenen Buche Fortschritt und Armut die Frage beantworten, wie es kommt, daß sich inmitten des steigenden Wohlstandes die Armut beständig vermehre.

Er kommt zu dem Ergebnis, daß dies einzig und allein auf die Grundrente zurückzuführen sei. In der Grundrententheorie vertritt er einen viel schrofferen Standpunkt als Mill; er schließt sich eng an Ricardo an. Der Grund hierfür liegt zunächst in der Verschiedenheit der Stellung Mills und Georges zur Malthusschen Lehre[1]). George lehnte diese Lehre ab, da sie nur eine bequeme Ausrede sei, die Verantwortung für den niederen Lohn der Arbeiter abzuwälzen. Bevölkerungsprinzipien waren für ihn nicht mehr das letzthin Entscheidende bei der Einkommensverteilung, wie bei Mill.

Das Einkommen teilt sich nach Henry George in drei Teile, nämlich in Grundrente, Lohn und Zins, entsprechend den drei Produktionsfaktoren Boden, Arbeit und Kapital. Diese drei Produktionsfaktoren werden von Henry George verschieden gewertet. Der wichtigste ist der Boden, denn es gibt keine Tätigkeit der Arbeit oder

---

[1]) Diehl, Der ältere Agrarsozialismus usw., S. 245.

des Kapitals, die nicht auf dem Boden ausgeübt wird. Aus dem Zusammenwirken von Boden und Arbeit entsteht das Kapital, das für George aufgehäufte Arbeit (hoarded labour) ist. Die drei Produktionsfaktoren sind sich also subordiniert in der Reihenfolge: Boden, Arbeit, Kapital. Hieraus wird nun der Schluß gezogen, daß sich auch die Gesetze, wonach die Einkommensverteilung stattfindet, das Grundrenten-, Lohn- und Zinsgesetz in dem entsprechenden Verhältnis der Unterordnung befinden, d. h. zuerst muß der Anspruch des Grundbesitzers befriedigt sein, ehe die anderen Bevölkerungsklassen ihren Anteil am Einkommen erhalten. Die Grundrente bestimmt also, wieviel den übrigen Bevölkerungsklassen übrig bleibt. Henry George drückt dies in folgenden Gleichungen aus:

Produkt = Grundrente + Lohn + Zins
Produkt — Grundrente = Lohn + Zins.

Henry George adoptiert das Grundrentengesetz Ricardos, mit einer Erweiterung allerdings. Ricardo hatte das Grundrentengesetz nur mit Rücksicht auf die Landwirtschaft aufgestellt. George dehnt es auf jeden Boden, auch den städtischen, aus. Diese Erweiterung des Rentengesetzes wird damit begründet, daß keine Produktionsart sich dauernd verschlechtern könne, während die anderen auf ihrem Standpunkte blieben oder sich verbesserten. Die Wechselwirkung zwischen den einzelnen Produktionsarten läßt George dann das Rentengesetz auch auf Industrie und Handel ausdehnen. Von diesem Standpunkt aus sucht er nun die Frage zu beantworten, wie es komme, daß der Lohn zu dem Existenzminimum strebe. Die Anerkennung dieser Tendenz des Lohnes hat er mit den Nationalökonomen von Ricardo bis Mill gemeinsam, nicht aber ihre Begründung. Er lehnt die Lehre, daß der Lohn aus dem Kapital entnommen werde, ab, ist also einer, freilich nicht, wie er meinte, der erste der Gegner der Millschen Lohnfondstheorie. Seine Lohntheorie ist im Gegensatz zu den Lohngesetzen Ricardos und Mills auf dem Gedanken von Adam Smith: Produkt der Arbeit = ihr natürlicher Ersatz, d. h. Lohn[1]), aufgebaut, schließlich aber zu demselben Resultat führt, daß der Lohn eine sinkende Tendenz habe. George erklärt dies folgendermaßen: Der Arbeiter erhält im natürlichen Zustand die Güter, die seine Arbeit erzeugt hat, zurück. Mit der Ver-

---

[1]) Adam Smith, Wealth of nations, Buch I, Kap. VIII. „Das Produkt der Arbeit stellt den natürlichen Ersatz oder den Lohn der Arbeit dar. In dem ursprünglichen Zustand, der der Aneignung von Land und Kapital vorhergeht, gehört das ganze Arbeitsprodukt dem Arbeiter. Er hat keinen Grundherrn und keinen Unternehmer, mit dem er teilen muß."

mehrung der Arbeiterzahl müßte also der Lohn zunehmen, da ja immer mehr Güter geschaffen werden. Diese Folgerung, die sozialistische Mehrwertlehre, verwirklicht sich aber nicht. Daß dies nicht geschieht, ist nur eine Folge der Ungerechtigkeit der Gesellschaftsordnung. Bis dahin geht George mit den englischen Sozialisten zusammen. Nun aber giebt er seinem Lohngesetz, indem er auf dieses das Grundrentengesetz anwendet, folgende Fassung[1]): Der Lohn wird bestimmt durch die Größe des Produkts, welches die Arbeit auf dem schlechtesten ihr ohne Zahlung von Grundrente zugänglichen Boden erzielen kann, abzüglich des Betrages, der notwendig ist, um aufgewendetes Kapital zu ersetzen und zu verzinsen. Die Konkurrenz drückt nun den Arbeitslohn hinunter, kann ihn aber nie unter das Existenzminimum drängen. Daher ist das geringste Land, das in Kultur genommen wird, dasjenige, das neben dem Kapitalgewinn und Zins noch den Betrag des zum Existenzminimum erforderlichen Lohnes hervorbringt. Nach dem Rentengesetz ist aber aller Ertrag, der denjenigen des geringsten Bodens übersteigt, Grundrente.

Ähnlich ist es mit dem Zinsgesetz. Der Zins ist für George wie für Ricardo und Mill ein gerechtfertigtes Einkommen. Er entspringt aus der Vermehrungsfähigkeit, die die reproduktiven Naturkräfte dem Kapital verleihen. Das Kapital ist aber wesensgleich der Arbeit, da ja Arbeit und Kapital nur zwei verschiedene Erscheinungsformen desselben Dinges, der menschlichen Anstrengung, sind. Lohn und Zins stehen deshalb in engen Beziehungen. Sie richten sich daher auch nach denselben Gesetzen.

Indem so das Grundrentengesetz in maßloser Übertreibung auf die gesamte Einkommensverteilung angewendet wird, ergiebt sich, daß alles Steigen des Wohlstandes dem Grundherrn in Form der Grundrente zufällt, und daß somit das Problem, weshalb der steigende Reichtum von wachsender Armut begleitet ist, nur durch das Rentengesetz zu erklären ist. Es ergiebt sich also genau dieselbe Schlußfolgerung, wie man sie aus Ricardo entnehmen kann, daß nämlich die Gesellschaft auf einen Zustand lossteuert, wo einer geringen Anzahl Reicher die große Masse der Armen gegenübersteht.

Trotzdem auch Henry George auf dem naturrechtlichen Standpunkte steht, daß jeder Mensch nur ein Recht auf die Früchte seiner Arbeit habe, hat er doch, wie Mill, sich gescheut, die Folgerung der

---

[1]) H. George, Fortschritt und Armut, S. 189.

Verstaatlichung des Bodens daraus zu ziehen. Allerdings hat er selbst die Forderung aufgestellt, man müsse den Boden zum Gemeineigentum machen[1]). Aber die praktische Durchführung denkt er sich so, daß er den Kern, die Grundrente, nehmen will, dann mag die Schale, das Privateigentum, weiter bestehen[2]). Aus diesem Grunde dürfen wir ihn auch nach unseren oben gegebenen Definitionen weder zu den sozialistischen noch zu den agrarsozialistischen Bodenreformern rechen. Die Grundrente soll also dem Staate zufallen, d. h. also nur der unverdiente Wertzuwachs am Boden, nicht der auf Meliorationen, also Arbeit zurückgeführte. Damit würden alle sonstigen Steuern und Abgaben unnötig werden, und die Grundrente die einzige Abgabe — single tax — sein. Daß hierbei Schwierigkeiten in der Berechnung eintreten könnten, hat George nicht verkannt; aber für diesen Fall hilft er sich, anders wie Mill, damit, daß dann das individuelle Recht im Rechte der Allgemeinheit verloren gehen soll[3]). Eine Entschädigung der Grundbesitzer, wie sie noch Mill selbstverständlich erschienen war, lehnt er ab, denn das Eigentum an Grund und Boden ist eine Benachteiligung der Nichteigentümer, eine Expropriation der Allgemeinheit.

So stellt sich als Endziel der Reform ein Zustand dar, wo die Grundeigentümer, städtische wie ländliche, Pächter von Staatseigentum sind, die aber die Möglichkeit der freien Veräußerung ihres Pachtstückes haben, Im übrigen soll auch die ganze heutige Produktionsweise weiter bestehen, die ja dann nur zum allgemeinen Besten führen kann, weil der Quell alles Übels, die Bodenrente, beseitigt ist.

Die Lehre Georges ist die folgerichtigste, aber auch einseitigste Fortbildung der Grundrententheorie Ricardos. Das Naturrecht, Adam Smith, Ricardo, die Sozialisten — sie alle werden von Henry George zur Begründung seiner Theorien beigezogen. In seinem Werke Schutz oder Freihandel werden sogar die Physiokraten als Eideshelfer angerufen. Der Gedankengang ist folgender: Da man niemand besteuern soll, weil er die Güter eines Landes durch Einführung wertvoller Dinge in dasselbe vermehrt, dürfe man auch niemand belasten, weil er die Güter eines Landes durch die Produktion wertvoller Dinge innerhalb desselben vermehre. Demnach verlange das Freihandelsprinzip, daß keine direkten Steuern auf Dinge gelegt werden, welches das Produkt der Arbeit seien. Unter dieser Voraussetzung bleibe, wenn man von den

---

[1]) H. George a. a. O., S. 290.
[2]) H. George a. a. O., S. 359.
[3]) H. George a. a. O., S. 376, 377.

geringfügigen Luxussteuern absehe, nur die Steuer auf den Wert des Bodens. Sie falle nur auf wertvolles Land und zwar im Verhältnis zu seinem Wert. Sie allein könne niemals auf die Produzenten fallen, weil sie sich nie abwälzen lasse.

Henry George übersah dabei, daß die physiokratische Forderung des Freihandels, die ja im Zusammenhange mit dem impôt unique steht, auf ganz anderen Voraussetzungen beruht, wie seine single tax, und von ihr wesensverschieden war.

Der impôt unique sollte nur aus Zweckmäßigkeitsgründen gleich bei der Quelle alles Reichtums, der Klasse der Großgrundbesitzer erhoben werden, und zwar proportional der Höhe ihres reinen Einkommens. Und wenn die Physiokraten freie Ausfuhr von landwirtschaftlichen Produkten forderten, weil der Getreidepreis dann nicht von Überproduktion bedrückt sei und hoch stehe, dafür aber freie Einfuhr von Industrieerzeugnissen verlangten, so taten sie es nur, weil sie in der Landwirtschaft die einzige produktive Tätigkeit sahen. Daß George diese rein äußerliche Ähnlichkeit zu einer Beweisführung benutzte, ist ein neues Beispiel zu seiner Art, mosaikartig alles zusammenzustellen, was seine Theorie unterstützt.

Fassen wir die Ergebnisse unserer Darstellung kurz zusammen, und fragen wir zuerst nach den den Bodenreformern aller Richtungen gemeinsamen Zügen, so ergibt sich, 1. daß sich bei allen bodenreformerischen Richtungen die Überzeugung findet, der Monopolcharakter des Bodens sei eine Gefahr für den wirtschaftlichen und kulturellen Fortschritt der Menschheit. Diese Empfindung beruht bei ihnen teils auf theoretischer Erkenntnis — wie bei den bodenreformerischen Richtungen, die von der Grundrententheorie Ricardos ihren Ausgang nehmen — teils wird sie ihnen nur gefühlsmäßig vermittelt. Letzteres ist da der Fall, wo, wie bei den Sozialisten und Agrarsozialisten, die theoretische Begründung hinter naturrechtlichen und ethischen Deduktionen zurücktritt. Und damit kommen wir 2. zu der anderen gemeinsamen Grundlage: Alle Bodenreformer, mit alleiniger Ausnahme von O'Connor und seiner small-farm-Bewegung haben aus dem Naturrecht geschöpft. Rationalistische Deduktionen finden sich immer wieder, selbst mitten in den wirtschaftlichen Erörterungen von John Stuart Mill.

Die Mittel, die die einzelnen bodenreformerischen Richtungen gegen die der Menschheit durch den Monopolcharakter des Bodens drohende Gefahr empfehlen, sind verschieden. Die radikale Forderung der Bodenverstaatlichung wird von denjenigen erhoben, die in erster Linie auf das Naturrecht zurückgehen, also den Sozialisten und Agrarsozialisten. Bei den wissenschaftlichen, auf Ricardos Grundrententheorie fußenden Bodenreformern, handelt es sich weniger radikal um die Aneignung der Grundrente durch den Staat, sei es konsequent, wie bei Henry George, sei es mit Zugeständnissen an die individualistische Auffassung auf dem Wege der Besteuerung, wie bei John Stuart Mill. Bei den sozialistischen und agrarsozialistischen Bodenreformern ist es nun nicht nur das Kollektiveigentum an Grund und Boden allein, in dem sie das Heilmittel sehen, sondern es ist die Bodenverstaatlichung zum Zwecke der inneren Kolonisation, und zwar soll dieses Ziel durch Staatseingriff erreicht werden mit einer einzigen Ausnahme: O'Connor, der unter Owenschem Einfluß auf genossenschaftlichem Wege vorging.

Alle englischen Bodenreformer gehören der englischen sozialistischen Bewegung im weitesten Sinne an, wenn wir hierunter alle Strömungen verstehen, die sich von dem Gedanken leiten lassen, daß die wirtschaftliche individuelle Freiheit des einzelnen zugunsten des Nutzens der Allgemeinheit eingeschränkt werden muß. Unter diesem Gesichtspunkt aber nimmt John Stuart Mill vor allen übrigen Bodenreformern eine Sonderstellung ein. Alle außer ihm erwarten das Heil von einer äußerlichen Umgestaltung des Wirtschaftskörpers. Im Innern aber bleiben sie der Gesellschaft, deren äußere Form sie ändern wollen, wesensgleich. Wie bei dieser sind ihre letzten Ziele utilitaristisch. Anders John Stuart Mill. In seinen früheren Jahren allerdings unterschied er sich nicht von den Sozialisten der eben erwähnten Richtung. Aber in ihm allein von allen englischen Bodenreformern ist später die Einwirkung Carlyles zu spüren, dessen Denken im Gegensatz zu sozialistisch als sozial bezeichnet werden kann[1]). Er sah eine äußerliche Umgestaltung der Form nicht als das Heilmittel gegen die sozialen Schäden an, ja die äußere Form war ihm geradezu unwesentlich im Vergleich zu der inneren Umgestaltung der Menschheit. Unter seinem Einfluß hat Mill sich gescheut, in seinen späteren radikaleren Bodenreformplänen die Forderung des Kollektiveigentums an Grund und Boden in sein Programm aufzunehmen. Er hat sie nur als erstrebenswertes Ziel hingestellt für spätere Zeiten, wo die Menschheit innerlich mehr zu sozialem Handeln vorbereitet wäre, wie gegenwärtig. In dieser Hinsicht überragt Mill alle anderen Bodenreformer, namentlich Henry George, weit.

---
[1]) Vgl. v. Schulze-Gävernitz, Zum sozialen Frieden, S. 103.

II. Die Grundlagen der Ansiedelungspolitik.
1. Bodenreformerische Versuche in Neuseeland vor 1891.

Kehren wir zu Neuseeland zurück. — Die liberale Partei, die die politische Vertretung bodenreformerischer Bestrebungen übernahm, war zunächst nicht mächtig genug, um ihre Ziele zu erreichen. Die herrschende konservative[1]) Partei, und damit die Regierung, waren bis zum Jahre 1891 fast ausschließlich Gegner der Bodenreform. Nur einige liberale Intervalle, deren wirksamster das Ministerium von Sir George Grey, der sich aus den individualistisch-ökonomischen Anschauungen heraus zum Bodenreformer gewandelt hatte, von 1877—1879, war, unterbrachen auf kurze Zeit diese konservative Periode. In jenen Intervallen wurden zwar bodenreformerische Pläne verwirklicht, aber es handelte sich hierbei nur um Experimente; zu durchgreifenden Reformen kam es nicht. Denn teils waren die Reformen Ergebnisse eines Kompromisses und deshalb nur halbe Maßregeln, teils wurden sie, wenn sie wirksam gewesen wären, von der folgenden konservativen Regierung schleunigst wieder aufgehoben; vor allem aber führte eine ungenügende Verwaltung sie nicht mit der erforderlichen Energie durch.

Das Ministerium Grey. — Sir George Grey folgte in seinen bodenreformerischen Plänen im allgemeinen den Gedanken, die John Stuart Mill in seinen späteren Lebensjahren als Haupt der Land Tenure Reform Association vertreten hat. Seine Maßregeln tragen dementsprechend teilweise einen recht radikalen Charakter.

1. Zunächst wurde durch ein Gesetz vom Jahre 1877 die Fläche Kronland, die eine Person (selector) zukünftig erwerben durfte auf

---

[1]) Der Name „Konservativ" kennzeichnet das Wesen der Partei, die aus Grundbesitzern bestand, gar nicht. Wie oben gezeigt, waren die Tendenzen dieser Partei eher liberal (vgl. z. B. das free trade in land). Der Name war angenommen worden, weil das zu dem nach englischem Vorbilde eingeführten Zweiparteiensystem paßte. Im Gegensatz zu den „Konservativen" zeigten die „Liberalen" mehr sozialistische Tendenz.

320 Acker, bei Ackerland, und auf 1000 Acker, bei Weideland, festgesetzt. Es handelt sich hierbei um eine Einschränkung des Eigentumsrechtes an Land, die John Stuart Mill in den Dissertations[1]) als eine Forderung der Land Tenure Reform Association vertreten hatte: „Again there might be set a limit to the extent of territory which could be held by a single proprietor."

2. In der Absicht, die Bildung eines mittleren Bauernstandes zu befördern, und namentlich kapitalschwachen Elementen die Möglichkeit zu geben, Farmer zu werden, wurde für den Erwerb von Kronland 1877 das System der sogenannten deferred payments eingeführt. Der Kaufpreis wurde hierbei um ein Viertel erhöht, und 25% mußten gleich beim Kauf deponiert werden. Der Rest sollte innerhalb 10 Jahren nach dem Vertragsabschluß abbezahlt werden. Bis zu diesem Zeitpunkte behielt der Staat die Kontrolle über das Schicksal des so vergebenen Landes, da der Käufer erst nach vollständiger Abbezahlung des Kaufpreises das Eigentum (freehold) erwarb. Dem Käufer wurde ferner die Verpflichtung auferlegt, auf seinem Grundstück zu wohnen und Verbesserungen bis zu einem gewissen Maß daran vorzunehmen, eine praktische Anwendung des von Mill immer wiederholten Gedankens, daß das Grundeigentum nur dann Berechtigung habe, wenn es zur Produktion von Lebensmitteln Verwendung fände.

3. Die Grundsteuer (Land-Tax). Sie wurde 1878 zum Gesetz. Die Steuer traf nur den unverbesserten Wert (unimproved value) des Bodens, d. h. den Wert, soweit er nicht auf Verbesserungen oder Arbeit des Eigentümers zurückzuführen war. Die kleinen Landeigentümer waren von der Steuer befreit: bis zu einem unverbesserten Wert von £ 500 sollte keine Steuer erhoben werden; über diesem Wert betrug sie $\frac{1}{2}$ d. für jedes £[2]). Die Grundsteuer Sir George Greys hatte mit der Single-Tax-Bewegung Henry Georges nichts gemein. Ihr Ziel war nicht, die Grundrente der Allgemeinheit zuzuführen. Sie war aber auch nicht eine Steuer auf das unearned increment, wie sie John Stuart Mill vorgeschlagen hatte. Dieser hatte nur den künftigen Wertzuwachs treffen wollen, der gegenwärtige Bodenwert aber sollte nach ihm von jeder Besteuerung frei bleiben. Sir George Grey aber besteuerte nicht den Wertzuwachs, sondern allgemein den Bodenwert, in dem allerdings der Wertzuwachs mit enthalten war. Sein Ziel war nicht dasjenige Mills,

---

[1]) Mill, Diss., Bd. IV, S. 267.
[2]) Dieser unimproved value wurde von Sir George Grey 1878 auf £ 15 153 630 angegeben. G. C. Henderson, Sir George Grey, S. 246.

nämlich der Allgemeinheit den ihr gebührenden Anteil an der von ihr zustande gebrachten Wertsteigerung zu geben, als vielmehr, den Großgrundbesitz durch die Steuer aufzubrechen (burst up). Die Grundsteuer war also eine viel radikalere sozialistische Maßregel, als sie John Stuart Mill jemals empfohlen hatte.

4. Die Tendenz des Kampfes gegen den Großgrundbesitz zeigte sich auch in einem von Sir George Grey 1878 eingebrachten Gesetzesvorschlag, der ein Vorläufer der späteren Ansiedlungsgesetze ist. Damals wurde die Bill nicht Gesetz. Ihr Inhalt war, daß Güter, die sich im Privateigentum befanden und für engere Siedelung (closer settlement) geeignet waren, vom Staat ev. zwangsweise angekauft werden sollten, um sie an bona-fide-Siedler zu vergeben. Sir George Grey gab ausdrücklich zu, daß dieser Gesetzesvorschlag den Zweck habe, die Großgüter aufzubrechen[1]). Im wesentlichen aber handelte es sich hierbei um eine Maßregel der inneren Kolonisation, die sich als eine Anwendung der Gedanken John Stuart Mills über innere Kolonisation, wie er sie in den Dissertations geäußert hatte, darstellte. Auf diesen Zusammenhang wird bei der Erörterung der Ansiedlungsgesetze von 1892, und der folgenden Jahre, die ja das Thema unserer Untersuchung bilden, und die dieselben wesentlichen Züge aufweisen, wie jene Ansiedlungsbill von 1878, näher eingegangen werden.

Welches waren die Folgen der Reformen Greys? Einen wirklichen Erfolg erzielte eigentlich nur die Einrichtung der deferred payments, die rasch beliebt wurden. Ein Beweis, daß sie einem tatsächlichen Bedürfnis entgegenkamen, ist, daß sie in manchen Jahren nur wenig hinter den Verkäufen von Kronland gegen Barzahlung zurückstanden. Die anderen Gesetze erlangten keine große Bedeutung für die agrare Entwicklung Neuseelands. Die radikale Grundsteuer wurde, nachdem sie ein Jahr bestanden hatte, von dem folgenden konservativen Ministerium abgeschafft. An ihre Stelle trat eine Eigentumssteuer von 1 d. pro £ alles beweglichen und unbeweglichen Eigentums. Sie drückte namentlich die Farmer schwer, denen jede Verbesserung ihres Landes vermehrte Steuern brachte.

Das Gesetz, das die Fläche beim Erwerb von Kronland begrenzte, stellt insofern einen Mißerfolg dar, als es umgangen wurde. Wenige Jahre (1882), nachdem es erlassen worden war, wurde auch die Maximalfläche auf 640 Acker bei erstklassigem, bzw. 2000 Acker bei zweit-

---

[1]) Henderson a. a. O., S. 248

klassigem Lande, d. h. das Doppelte erweitert. Diese Fläche ist wohl für ein neues Kolonialland reichlich, aber nicht zu hoch gegriffen; auch die neueste Landgesetzgebung, die ganz bodenreformerisch ist, hat sie beibehalten. Sie hätte wohl genügt, um künftige Großgrundbesitzbildung zu verhindern. Auch ist der Umstand, daß die Regierung dieses Maximalmaß beibehielt, ein Hinweis, daß immerhin eine starke bodenreformerische Strömung bestand. Aber die praktische Bedeutung dieser Maßregel war gering. Was das Gesetz unter „selector" verstand, war klar; es war der Kolonist, der die Bewirtschaftung seines Landstückes selbst besorgte oder leitete. Aber dieser Sinn des Gesetzes wurde umgangen. In dem Hause des Farmers waren oft alle Familienangehörige bis zum neugeborenen Kinde, alle Knechte und Mägde „selectors", die alle ihr Landstück vom Staate kauften, nominell für sich, tatsächlich aber für das Familienoberhaupt[1]). Diese Art von Betrug, eine bei kolonialen Neuländern häufige Erscheinung, war in Neuseeland an der Tagesordnung. Man bezeichnet sie als „dummyism", und bis in die neueste Zeit wurde sie geübt, wie ein Report on dummyism an das Parlament von 1891 bestätigt. Eine wirksame Überwachung und sinngemäße Handhabung des Gesetzes fehlte; die Regierung machte sich somit an diesem Betruge mit schuldig, den sie durch geeignete Maßnahmen hätte wenigstens sehr einschränken können.

Ein Hauptziel der Land Tenure Reform Association war von Sir George Grey noch nicht in Angriff genommen worden, nämlich die Bildung neuen Privatgrundbesitzes an Land, das bisher noch nicht in Privateigentum übergegangen war, in Zukunft zu verhindern. Ein dahingehender Versuch wurde 1882 unternommen. Freilich ging man nicht so radikal vor, wie es das Programm der Land Tenure Reform Association forderte. Das Ergebnis der jahrelangen Agitation in dieser Richtung war nur, daß 1882 von den Liberalen ein Gesetz eingebracht wurde, das neben dem Verkauf von Kronland auch eine Form der Ewigpacht einführen wollte. Es sollte nicht nur eine langfristige Pacht mit einer bestimmten Rente (fixed rent) sein, wie sie John Stuart Mill immer wieder verlangt hatte, sondern eine Erbpacht, die nicht in Eigentum verwandelbar und deren Rente nicht ablösbar war: es sollten also Pachtgüter geschaffen werden, bei denen der Eigentumserwerb ausgeschlossen sein sollte. Dies war der individualistischen Parlamentsmehrheit zu radikal. Das Ergebnis war ein Kompromiß, die sogenannte perpetual lease. Sie wurde eine Pacht auf 31 Jahre mit dem Recht der

―――――――
[1]) W. P. Reeves, State Experiments in Australia and New Zealand, I, S. 234, 235.

Wiedererneuerung. Der Pächter konnte das Eigentum erwerben und so war der Pacht ihr radikaler Charakter genommen. Erst damit aber wurde sie auch populär[1]). Wie allgemein bei Kronland war auch hier die Pacht auf 640 bzw. 2000 Acker beschränkt und dem Pächter wurde die Wohnpflicht und Siedelungsbedingungen auferlegt. Die Rente betrug 5% des Landwertes abzüglich der Verbesserungen. So stellte die perpetual lease eine langfristige Pacht mit einer festen Rente dar nach der Forderung Mills; aber die Möglichkeit des Eigentumserwerbes war nicht in seinem Sinne. Die perpetual lease war für kapitalschwache Ansiedler nur eine noch bequemere Möglichkeit, Land zu erwerben, als die deferred payments, da keine Anzahlung erforderlich war, und der Kaufpreis nicht erhöht wurde. So erklärt sich ihre weite Verbreitung; von 1884 bis 1892, wo sie abgeschafft wurde, wurden erworben durch

	Stellen	Acker
1. Kauf gegen Barzahlung (cash lands)	6198	549 943
2. Deferred payments	3661	485 366
3. Perpetual lease	3272	920 263

d. h. die Fläche des Landes unter perpetual lease war beinahe so groß wie die des Landes, das gegen Barzahlung oder unter dem System der deferred payments erworben war, zusammengenommen.

Neben den bisher behandelten Versuchen prinzipieller Art, die alle den Einfluß John Stuart Mills erkennen lassen, oder zum Teil viel radikaler wie Mills bodenreformerische Pläne ihre Fortsetzung bildeten, und diese nur als Basis benutzten, gingen auch „kleine Reformen" nebenher, die noch mehr, wie die bisher erwähnten, den Charakter des Experimentes trugen.

Hierher gehören zwei Schöpfungen des späteren ersten progressiven Premierministers Ballance aus der Mitte der 80er Jahre, der damals dem Kompromißministerium Stout-Vogel angehörte.

1. Die Special Settlement Associations (1885). Es handelt sich hierbei um Genossenschaften. Genossenschaftlichen Landbau hatte John Stuart Mill auch gelegentlich empfohlen[2]), aber der Gedanke war älter und ging auf den Chartisten O'Connor zurück. Es handelt sich in Neuseeland hierbei um Genossenschaften, die vom Staat Land erhielten und ihm eine bestimmte Anzahl Ansiedler auf diesem Lande garantierten, nämlich einen Kolonisten für je 100 Acker. Die Besitzform

---

[1]) W. P. Reeves, State Experiments I.
[2]) Mill, Diss., Bd. IV, S. 250.

war die der deferred payments. Bis 1891 befanden sich 90840 Acker mit 913 Kolonisten im Besitz jener Genossenschaften, vorwiegend im Wellington-Distrikt[1]).

2. Die Village-Settlements. 1885 erhielt der Landminister (Ballance) die Befugnis, Landstücke für sogenannte Village Settlements zu kaufen, und zwar mit Genehmigung des Parlaments je 100000 Acker in jedem Distrikt der Kolonie. Diese sollten der Ansiedlung von Arbeitslosen dienen. Es handelt sich hierbei um eine small-farm-Bewegung im Sinne O'Connors. Die Pachtstücke betrugen höchstens 50 Acker (später auf 100 Acker erhöht), die sogenannten small farms, bzw. 1 Acker für die sogenannten village sections. Diese Stücke wurden den Ansiedlern nach Wahl verkauft oder unter der perpetual lease verpachtet. Der Erfolg dieser Siedlungen war aber nicht der erhoffte. Der Grund hierfür lag weniger in der mangelnden Kapitalkräftigkeit der Kolonisten, denn sie erhielten den erforderlichen Kredit von der Regierung bis zur Höhe von £ 30, vielmehr darin, daß die Siedelungen oft schlechtes Land umfaßten, aus dem ohne größeres Kapital und dauernde Arbeit, die ja die als Arbeiter anderswo beschäftigten Ansiedler nicht leisten konnten, nicht viel herauszuholen war. Auch bemühten sich die Nachfolger des 1887 zurückgetretenen Ballance nicht sehr um diese Village Settlements. 1891 umfaßten sie nur 22404 Acker mit 790 Stellen, die über die ganze Kolonie zerstreut lagen[2]).

Von den bodenreformerischen Experimenten, die bis zum Beginn der progressiven Ära (1891) in Neuseeland gemacht waren, waren 1891 noch als Gesetze in Kraft:
1. Die Beschränkung der Fläche, die ein Kolonist erwerben konnte,
2. die Auferlegung von Wohnpflicht und Siedelungsbedingungen bei allem Landerwerb, soweit er nicht durch Kauf gegen Barzahlung erfolgte,
3. die perpetual lease.

Daneben bestanden die Schöpfungen von Ballance, die Special Settlement Associations und die Village Settlements, die beide an Bedeutung gegenüber den übrigen Siedelungsformen zurücktraten.

Alle radikalen Reformen waren verhindert oder wieder beseitigt worden, wie die Grundsteuer Greys, sein Landrückkaufprojekt und

---

[1]) Für das Landministerium wurde die alte Einteilung in Provinzen (Land-Distrikte) beibehalten. Vgl. S. 44.
[2]) W. P. Reeves, State experiments I, S. 313.

die ursprüngliche Form der perpetual lease. Die Regierung, d. h. die herrschende, konservative Partei, verhielt sich der Bodenreform gegenüber noch sehr zurückhaltend. Sie ließ einige Maßnahmen zu, die unter der Parole Greys: „Das Land dem Volke" ins Leben gerufen waren. Aber sie zeigte sich Verstößen gegen die erlassenen Gesetze, wie dem Dummyism gegenüber sehr nachsichtig, da die Beschränkung der Fläche beim Kauf von Land und ferner auch die Auflage von Siedelungsbedingungen ihr unsympathisch war. Sie lebte noch in dem Gedanken der individualistischen Nationalökonomie, daß die freie Konkurrenz nicht beschränkt werden dürfe. Neben ihr bestand eine starke Minorität, die Liberalen, die von Grey organisiert, von antiindividualistischen Tendenzen beseelt, sozialistische Ziele verfolgten. Ihr Emporkommen war nur eine Frage der Zeit[1]). Ein Zufall führte es 1890 herbei.

Infolge des großen Streiks 1890, der zunächst von den Dockarbeitern begonnen, nach und nach die ganze neuseeländische Arbeiterschaft ergriff, hatte sich eine progressive Arbeiterpartei gebildet. Diese war aber von vornherein zu schwach, um aktiven Anteil an der Regierung zu nehmen. Die bisher in der Opposition befindlichen Liberalen boten der neuen Arbeiterpartei ihre Bundesgenossenschaft an, die angenommen wurde. Das Ergebnis war eine neue progressive Partei, die 1890 bei den Wahlen den Sieg davontrug und seither ununterbrochen die herrschende Partei in Neuseeland geblieben ist. Der Führer der bisherigen liberalen Partei, der neue Premierminister John Ballance, welcher schon zweimal, unter Sir George Grey 1877—79 und unter Stout-Vogel 1884—87, Landminister gewesen war, unternahm als seine wichtigste Aufgabe die Lösung der Landfrage. Er und der Landminister Sir John McKenzie, ein schottischer Farmer aus Otago, haben die neuseeländische Landpolitik in die von Sir George Grey vorgezeichneten Bahnen geleitet, in denen sie sich heute noch bewegt.

2. Die Grundbesitzverteilung in Neuseeland 1891.

Die Grundbesitzverteilung, die ja von entscheidender Bedeutung für die Verteilung des Reichtums, die soziale Klassenbildung und die Struktur der Volkswirtschaft eines Landes überhaupt ist, zeigte 1891 in Neuseeland ein Überwiegen der Latifundien über die mittleren und kleineren landwirtschaftlichen Betriebe. Von der Fläche des für land-

---

[1]) Drummond, Seddon. S. 88.

wirtschaftliche Zwecke verwendbaren Landes, die für Neuseeland auf 50 bis 55 Millionen Acker geschätzt wird[1]) (ausgenommen die Maoriländer) waren 1891 etwa ⅗, 31 697 717 Acker, in Privatbesitz übergegangen[2]). Hiervon entfielen auf:

I. Privateigentum (freehold)	12 400 242 Acker,	d. h. 39,1 %
II. Pacht		
1. von Privaten (nicht unter I)	2 146 182 ,,	d. h. 6,7 %
2. von öffentlich-rechtlichen Korporationen . . .	1 186 983 ,,	d. h. 3,8 %
3. von den Maori	2 192 346 ,,	d. h. 6,9 %
	5 525 511	17,4 %
III. Staatspacht (Ackerland)	1 471 776 ,,	d. h. 4,6 %
IV. Staatspacht (Weideland)	12 469 976 ,,	d. h. 39,3 %

Unter Abrechnung des Weidelandes, das vom Staat vorwiegend zum Zweck der Schafzucht verpachtet wird, betrug die in Besitz genommene Fläche 19 397 529 Acker mit 43 777 Stellen, was eine Durchschnittsgröße von 439 Acker pro Stelle ergibt. Unter Abzug dieser Weidepachten (pastoral runs) war diese Fläche unter die landwirtschaftlichen Betriebe folgendermaßen verteilt:

	Zahl	%	Fläche	%
I. Parzellen unter 10 Acker	11 116	25	52 467	0,5
II. Kleinbesitz				
10— 50 Acker	8 899		254 716	
50—100 Acker	5 613		435 263	
	14 512	33	689 979	3,5
III. Mittlerer Besitz				
100— 200 Acker	6 851		1 028 751	
200— 320 ,, ...	3 916		1 013 319	
320— 640 ,, ...	3 802		1 717 746	
640—1000 ,, ...	1 321		1 058 461	
1000—5000 ,, ...	1 675		3 425 187	
	17 565	40	8 243 469	42
IV.[3] Großgrundbesitz				
5 000— 10 000 Acker	247		1 768 799	
10 000— 20 000 ,, ...	189		2 699 403	
20 000— 50 000 ,, ...	117		3 340 931	
50 000—100 000 ,, ...	24		1 524 647	
100 000 u. mehr ,, ...	7		1 077 844	
	584	2	10 411 620	54
Im ganzen:	43 777	100	19 397 529	100

[1]) New Zealand Official Yearbook 1911, S. 9 und 13.
[2]) Statistics of the Colony of New Zealand, 1891. Hieraus sind auch die folgenden Tabellen entnommen.
[3]) Die Grenze zwischen mittlerem und Großgrundbesitz ist eigentlich bei 2000 und nicht bei 5000 Acker zu ziehen. Die Landgesetzgebung seit 1892, die den Großgrundbesitz zu ver-

Über die Hälfte alles in Privatbesitz genommenen Landes war also Latifundienbesitz. Von der Fläche von 19,3 Millionen Acker waren 8 462 495, d. h. nicht einmal die Hälfte (43 %), landwirtschaftlich benutzt, wovon wiederum 6 966 218 Acker, also 82 % allerdings mit Kunstgras besät waren, d. h. die ersten Anfänge der Kultivierung schon erfahren hatten. Zum Anbau von Getreide, Futtergewächsen usw. wurden nur 1 476 277 Acker, d. h. 7,7 % benutzt. Daß das landwirtschaftlich benutzte Land sich vorzugsweise nicht in den Latifundien befand, daß letztere weniger zur Kultivierung des Landes beitrugen als die kleinen Güter, geht aus folgender Tabelle hervor, die 1892 zum Zweck der Grundsteuererhebung aufgestellt wurde. Sie gibt natürlich nur den Wert des Privateigentums, und zwar einschließlich der Verbesserungen wieder:

Es betrug in der ganzen Kolonie für das Privateigentum

  der Bodenwert ohne Verbesserungen . £ 38 328 462
  der Bodenwert + Verbesserungen . . £ 59 289 375.

Der Wert der Verbesserungen betrug also 54 % mehr als der reine Bodenwert. Entsprechend der oben aufgestellten Grundbesitztabelle betrug:

Größe der Stelle. Acker	I. Der reine Bodenwert £	II. Der reine Bodenwert Verbesserungen £	Überschuß von I u. II £	%
1— 10	678 032	312 139	365 893	117
10— 100	5 671 451	3 276 118	2 395 333	73
100—5000	31 468 109	18 995 237	12 472 872	65
5000 u. mehr	20 481 791	14 924 968	5 556 823	37

Anders dargestellt:

Der Wert der Verbesserungen betrug im ganzen £ 20 960 903. Hiervon entfielen auf die Stellen von   1—10 Acker 1,2 %
             10—100 ,, 9 %
             100—5000 ,, 59 %
             5000 u. mehr ,, 26 %[1])

---

mindern strebt, setzt 2000 Acker als obere Grenze für den Landbesitz, den eine einzelne Person durch Kauf erwerben kann, fest. Diese hohe Grenze findet ihre Erklärung darin, daß es sich in Neuseeland um ein Land mit extensiver Kultur, vornehmlich Weidewirtschaft, handelt. Da aber die Statistik 1891 keine Zahlen über die Güter von 2000 Acker Fläche gibt, wurde die Grenze bei 5000 Acker gezogen, um die Bedeutung der Latifundienfläche nicht zu übertreiben.

[1]) Hierbei handelt es sich fast nur um Besäen mit Kunstgras.

Aus den angeführten Zahlen geht das Schädliche der Latifundienwirtschaft für Neuseeland klar genug hervor. Über die Hälfte des in Besitz genommenen Bodens bedeckend, hatten die Latifundien nur $\frac{1}{4}$ zu dessen Wertzuwachs beigetragen. Sie wurden, wenn sie überhaupt zu etwas benutzt wurden, als Schafweide verwendet, und zwar zum Zweck der Wollproduktion oder der Aufzucht von Fleischschafen, die als Gefrierfleisch nach England geschickt werden[1]). Die Schafzucht herrschte auf dem Lande unbedingt vor. Daneben hatte die Kleinsiedelung, namentlich infolge der Gesetze, die den Landerwerb für bona-fide-Siedler erleichterten (deferred payments und perpetual lease) sich auszudehnen begonnen. Das zur Kleinsiedelung geeignete Land wurde aber dem bona-fide-Siedler vielfach durch die Großgrundbesitzer vorenthalten.

Trauriger wurde das Bild noch dadurch, daß die Latifundien vielfach auch kleinere Güter, Spekulationsgründungen der Vogelschen Zeit, meistens das beste Land, sich zufügten, das sie so der Nutzbarmachung vorenthielten. Lloyd[2]) gibt von diesen Verhältnissen folgende Schilderung, die unter anderem durch die geographische Lage der später vom Staate zurückgekauften Güter vollauf bestätigt wird: „Die großen Landeigentümer hatten alle Vorderfronten (frontages) längs der Wege und Flüsse und um Wasserplätze oder am Beginn der Täler. Alle Flußebenen (river flats) Wasserfurchen (gullies), jeder Strom, jede Landstraße war weggenommen. Dies machte den Zugang zum Land tatsächlich unmöglich, oder machte das Land wertlos, auch wenn es zugänglich war, sobald es vom Wasser abgeschnitten war. Hinter diesen Fronten waren Millionen Acker Hinterland, die die Eigentümer der Fronten unter Staatspacht hielten, und die für niemand als für sie Wert hatten. Diese Pachten sollten 1896 aufhören, und die Kolonie hatte dann diese Millionen Acker zur Verfügung, die sie niemand anders verkaufen oder verpachten konnte als den Eigentümern der Großgüter . . ., bis ein Weg gefunden war, durch ihren Ring zu brechen."

Von den Großgrundbesitzern war eine Änderung der Grundbesitzverhältnisse nicht zu erwarten. Selbst wenn sie eine solche gewollt hätten, so wären sie auch in der Regel hierzu gar nicht imstande gewesen. Reeves charakterisiert ihre Lage folgendermaßen[3]): „Was die Lage noch schlimmer machte, war der traurige, unverbesserte, wohnungslose

---

[1]) Hierüber Näheres in dem Abschnitt über die Landwirtschaft auf den Pachtgütern. Vgl. unten S. 94 ff.
[2]) Henry Demarest Lloyd, Newest England, S. 128.
[3]) Reeves, State Experiments I, S. 269.

Anblick der meisten Großgüter. Wenige der extensiven Betriebe wurden nutzbringend bewirtschaftet. Die meisten von ihnen waren schwer verschuldet; viele waren in der Hand der Financiers und wurden von Jahr zu Jahr mit dem kleinsten möglichen Kapitalaufwand fortgeführt. Es war allgemein bekannt, daß die Hälfte der Großgüter zu verkaufen war; und so war es in der Tat. Die Hypothekengläubiger wollten nicht mit Verlust verkaufen, konnten aber selten vorteilhaft verkaufen. Sie hingen am Lande, einander beobachtend und auf eine Preiserhöhung wartend sowie auf eine starke Nachfrage, die natürlich nicht kam. Die Preise konnten nicht steigen, bis ein guter Teil des Landes aufgeteilt und besiedelt war. Die Eigentümer konnten sich nicht erlauben, ihn aufzuteilen, bevor die Preise stiegen, und so war man an einem toten Punkte angekommen."

Gerade der bona-fide-Siedler also war durch diese Verhältnisse benachteiligt. Daß von dieser Seite starke Nachfrage nach Land bestand, beweist die große Landfläche, die bis 1891 unter dem System der deferred payments und der perpetual lease, seither aber unter den an deren Stelle getretenen Besitzformen vergeben wurde. Von Jahr zu Jahr verschlechterten sich also die Aussichten der bona-fide-Siedler. Der Großgrundbesitz verminderte sich nicht, kaufte im Gegenteil noch Land auf, und die Fläche Kronland, die noch zu vergeben war, verminderte sich alljährlich; auch reichte sie schon Anfang der 90er Jahre bei weitem nicht mehr aus, um dem Bedürfnis nach Land nachzukommen[1]).

Nach offiziellen Schätzungen[2]) waren 1892 für Siedelungszwecke noch verfügbar:

	Acker	Hiervon geeignet für closer settlement. Acker
1. Kronland	10 000 000	2 000 000
2. Block der Midland Railway Company .	4 000 000	1 500 000
3. Eingeborenen-Land	9 000 000	4 000 000
Im ganzen: . .	23 000 000	7 500 000

Der Rest von 16½ Millionen Acker war nur als Weideland verwendbar.

Auf den ersten Blick erscheint die Notlage gar nicht so schlimm Tatsächlich kamen aber jene 7½ Millionen Acker, die in der Aufzählung als bäuerliches Siedelungsland bezeichnet sind, nach den übereinstimmen-

---

[1]) So die Berichte aller Kronlandskommissare in den Reports of the Department of Lands and Survey (zitiert C-1) im Anfang der 90er Jahre.
[2]) The Crownlands of New Zealand. Under Authority of the Hon. John Mc Kenzie, Minister of Lands, Wellington 1892.

den Berichten aller Kronlandskommissare für das Landbedürfnis der bona-fide-Siedler nur zum Teil in Betracht.

1. Das hierfür noch verfügbare Kronland (2 Millionen Acker) lag in kleinen Stücken zerstreut zum großen Teil noch hinter dem Ring der Großgrundbesitzer. Regelmäßig war es schwer zugänglich, Wegeverbindungen fehlten, und es erforderte viel Kapital, um dieses Land nutzbar zu machen. Zum größten Teil lag es auf der Nordinsel und war noch mit Wald bedeckt, so daß zu den bereits erwähnten Schwierigkeiten der Ansiedelung noch das Roden des Waldes hinzukam. Auf der Südinsel fiel letzteres allerdings weg; aber hier war gerade in den zur Kleinsiedelung am besten geeigneten Gebieten (Canterbury und Otago) überhaupt kaum noch Land hierfür mehr verfügbar[1]). Die noch vorhandene Fläche Kronland konnte also für die bona-fide-Siedlung nur in sehr geringem Maße in Betracht kommen.

2. Der Midland Railway Block. In der Zeit Vogels waren der Midland Railway Company große Landstrecken im Norden der Südinsel (in Nelson, West-Marlborough, Nord-Westland und Nord-Canterbury) bis zum Jahre 1900 überlassen worden. Wenn auch manche Teile dieses Blocks zur Kleinsiedlung geeignet waren, so konnte dessen Besiedelung doch erst nach Jahren beginnen, da für ihn die Schwierigkeiten, die sich bei der Besiedlung des Kronlandes zeigten, ebenfalls zutrafen.

3. Letzteres war auch bei dem Eingeborenen-Lande der Fall, das zudem noch zum größten Teil mit Wald bedeckt war. Naturgemäß konnte auch nur von den Eingeborenen nicht benutztes, d. h. unkultiviertes Land zu Ansiedlungszwecken in Frage kommen. Außerdem mußte solches Land von der Regierung erst noch gekauft werden.

Gegenüber den Schäden des Latifundienbesitzes wurde „closer settlement" das Schlagwort aller bodenreformerischen Pläne. Es wurde der Inhalt der Landpolitik der neuen progressiven Regierung (bekannt unter dem Namen „Ballance-Policy")[2]). Für die Zukunft sollte erreicht werden, daß das noch vorhandene Kronland nur noch an bona-fide-Siedler vergeben und die Bildung von Großgrundbesitz aus ihm vermieden würde. Zu diesem Zwecke wollte auch die Regierung die schon bestehenden Latifundien „aufbrechen", um ihre Besiedlung durch bona-fide-Siedler zu ermöglichen.

---

[1]) 1898 C-1, S. 21 u. 24.
[2]) Drummond, Seddon, S. 291.

Dem ersten Ziel diente das Landgesetz von 1892, dem letzten die Grundsteuer und Ansiedlungsgesetzgebung. Nach den Gesetzen von 1892, 1903, 1907 war die Grundsteuer eine progressive, die mit dem unverbesserten Bodenwert wuchs und außerdem noch die Latifundien und den Absentismus mit einem besonderen Zuschlag bedachte.

Wo ein besonderes Bedürfnis bestand, wollte die Regierung durch Rückkauf (repurchase) Land von den gegenwärtigen Grundbesitzern erwerben, um es an bona-fide-Siedler zu vergeben, und zwar in der Form der Erbpacht. Also Ansiedlungsgesetzgebung zum Zweck der inneren Kolonisation ist der Inhalt dessen, was wir im folgenden Ansiedlungspolitik nennen wollen, und diesem Zweck dienen die verschiedenen Ansiedlungsgesetze (Land for Settlements Acts), die seit 1892 erlassen worden sind, nämlich:

1. The Land for Settlements Act 1892,
2. ,, ,, ,, ,, ,, 1894,
3. The Land for Settlements Amendment Act 1896,
4. ,, ,, ,, ,, ,, ,, 1897,
5. ,, ,, ,, ,, ,, ,, 1899,
6. The Land for Settlements Consolidation Act 1900,
7. The Land for Settlements Amendment Act 1901,
8. ,, ,, ,, ,, ,, ,, 1904,
9. The Land for Settlements Act 1908.

Eine Darstellung der neuseeländischen Ansiedlungsgesetzgebung erfordert zunächst ein kurzes Eingehen auf das Landgesetz 1892. Denn in ihm äußert sich nicht nur die Tendenz der Landpolitik der progressiven Regierung überhaupt, sondern es ist auch das juristische Fundament der Ansiedlungsgesetzgebung. Ferner muß auch kurz die Grundsteuergesetzgebung skizziert werden; denn sie dient durch ihr Ziel der Zerstörung des Latifundienbesitzes indirekt den Zwecken der inneren Kolonisation und kommt somit als ein bedeutendes Hilfsmittel der Ansiedlungsgesetzgebung in Betracht.

3. Das Landgesetz 1892 (The Land Act 1892).

Es war eines der ersten Gesetze der neuen progressiven Regierung und stellte zunächst nur die Verwirklichung eines schon seit Jahren betriebenen Unternehmens, nämlich der Kodifizierung der neuseeländischen Landgesetzgebung dar. Aber tatsächlich war es noch mehr, insofern sich nämlich in ihm die bodenreformerischen Absichten der Regierung wiederspiegelten. Sein Objekt war das der Regierung noch zur Verfügung stehende Kronland.

I. Zum Zweck der Verwaltung des Kronlandes griff man auf die alte Provinzialeinteilung zurück, die auch für die Vermessung des Landes als Grundlage diente, und teilte die ganze Kolonie in 10 Landdistrikte ein, nämlich:

auf der Nordinsel: Auckland, Taranaki, Hawke's Bay, Wellington;

auf der Südinsel: Nelson, Marlborough, Westland, Canterbury, Otago, Southland.

Zum Zweck der Verwaltung des Kronlandes, insbesondere der Aufsicht über die Erfüllung der Siedelungsbedingungen wurde für jeden dieser Distrikte ein Land-Board gebildet, der aus dem Kronlandskommissar des betreffenden Distrikts als Vorsitzendem und zwei bis vier Mitgliedern besteht, die vom Gouverneur ernannt werden.

II. Die Vergebung des Kronlandes im allgemeinen.

Das Kronland wird in drei Klassen eingeteilt:

1. Stadt-Land (Town-Land),
2. Vorstadtland (suburban land), d. h. das Land in der unmittelbaren Nachbarschaft der Städte,
3. Rural land, d. h. alles Land, das nicht unter 1 und 2 fällt, oder für öffentliche Zwecke reserviert ist (Art. 106).

Dieses rural land zerfällt weiter in drei Klassen, nämlich 1. Ackerland, 2. Acker- und Weideland gemischt und 3. Weideland.

Für die Vergebung dieser drei Kategorien, von denen für unsere Untersuchung namentlich die erste, das rural land, Bedeutung hat, gelten folgende allgemeine Bestimmungen:

1. Niemand darf in Zukunft Kronland erwerben außer zu seinem persönlichen Nutzen und Vorteil (. . . unless it be exclusively for his personal use and benefit, Art. 95). Und zwar bezieht sich diese Bestimmung nicht nur auf den ursprünglichen Erwerb des Kronlandes von der Regierung, sondern auch auf dessen Weiterveräußerung durch den Erwerber, so daß der Staat die Kontrolle über das in Zukunft vergebene Kronland dauernd in Anspruch nimmt (Art. 95). Diese letztere Bestimmung, die sich wie die erste gegen das Dummyism richtet und die ebenfalls noch besonders durch Strafandrohung (£ 100 bis 500 oder Gefängnis bis zu 1 Jahr) unterstrichen wurde, war schon deshalb kein wirksames Mittel, um die Bildung von Großgrundbesitz aus Kronland in Zukunft zu verhindern, da der Erbgang ausdrücklich ausgenommen

war, ferner aber weil sich ohne ein Grundbuchsystem, das in Neuseeland nicht in geeigneter Weise ausgebildet ist, eine wirksame Kontrolle über den Immobilienverkehr nicht durchführen läßt.

Die Fläche Kronland, die eine Person, sei es durch Kauf oder Pacht, ausgenommen die Weidepachten (die sog. small grazing runs und pastoral runs) erwerben darf, darf nach Art. 96 des Gesetzes 640 Acker bei erstklassigem, oder 2000 Acker bei zweitklassigem Lande nicht überschreiten. Auch darf niemand Land erwerben, der schon 2000 Acker Land zu Eigentum einschließlich 640 Acker erstklassiges Land besitzt. Bei 2000 Acker also wurde durch das Gesetz die Grenze zwischen dem Großgrundbesitz und dem nützlichen Mittelbetrieb in der Landwirtschaft gezogen.

2. Haben diese beiden Bestimmungen vor allem den Zweck, für die Zukunft die Bildung von Großgrundbesitz aus Kronland zu verhindern, so sollen andere Vorschriften dazu dienen, die Spekulation auf dem Lande unmöglich zu machen und die bona-fide-Siedelung zu erzwingen. Hierher gehören die Vorschriften über die Wohnpflicht und die Verbesserungen. Die Nichterfüllung dieser bei den einzelnen Besitzformen verschiedenen Siedelungsbedingungen hat ebenso wie die Nichtzahlung des Pachtzinses regelmäßig den Verfall (forfeiture) des betreffenden Landstücks, sei es nun gekauft oder gepachtet, zur Folge. Verfall des Gutes tritt auch ein, wenn der Erwerber schon 2000 Acker Land besaß, dieses aber der Regierung verheimlicht hatte. Neben dem Lande verfällt auch das schon bezahlte Kauf- oder Pachtgeld dem Staate. Durch diese strengen Bestimmungen und dadurch, daß der Staat dauernd die Kontrolle über das Schicksal des veräußerten Kronlandes behielt, ist die Bildung von Großgrundbesitz aus Kronland — wie hier schon bemerkt sein mag — seit 1892 verhindert worden.

3. Die hypothekarische Belastung wurde bei keiner Besitzform in irgend einer Weise beschränkt[1]).

III. Die einzelnen Formen der Vergebung des Kronlandes. Das Gesetz hob die bisherigen Erwerbsformen von Kronland (namentlich die deferred payments und perpetual lease) für die Zukunft auf. An ihre Stelle traten die drei folgenden:

1. Kauf gegen Barzahlung. Der Erwerber erhält nach Bezahlung des Kaufpreises erst dann seinen Crown grant, d. h. er wird erst dann Eigentümer und von der Staatsüberwachung befreit, wenn er bestimmte Verbesserungen an seinem Land angebracht hat. Und zwar muß der Wert dieser Verbesserungen nach 7 Jahren an substantial improve-

---
[1]) Vgl. aber bezüglich der Pachtgüter S. 100.

ments[1]) bei erstklassigem Land £ 1, bei zweitklassigem 10 Shilling pro Acker betragen. Die Verpflichtung, auf dem gekauften Lande zu wohnen, wurde dem Käufer von Kronland nicht auferlegt.

Art. 139 bestimmt ferner, daß die Fläche Kronland, die in 1 Jahr in Privateigentum übergeht, 250000 Acker nicht übersteigen darf.

2. Die Lease in perpetuity (Erbpacht). Sie verdient deshalb besondere Beachtung, weil sie bis 1908 die Besitzform der Pachtgüter war, die, soweit sie auf zurückgekauftem Lande liegen, den Gegenstand der vorliegenden Arbeit bilden. Sie war aber nicht auf diese begrenzt, sondern bei allem Kronland zulässig. Wenn indessen im folgenden von Pachtgütern die Rede ist, so sind nur diejenigen gemeint, die auf zurückgekauftem Lande liegen. Die lease in perpetuity war im Gegensatz zu der früheren perpetual lease eine Erbpacht, d. h. ohne Möglichkeit des Eigentumserwerbs, auf 999 Jahre. Der jährliche Pachtzins betrug 4% des Landwertes, und wurde ein für allemal bei der Vergebung des Landes unter Zugrundelegung des jeweiligen Landpreises festgestellt, unterlag also keinen Neueinschätzungen.

Die Wohnpflicht war auf 10 Jahre festgestellt. Sie umfaßt (Art. 3) die Errichtung bzw. die Erhaltung eines Hauses für den Ansiedler, oder, mit Zustimmung des Land-Board, eines Heimes für dessen Familie auf dem erworbenen Land; ein solches Heim soll ein wohnliches Haus (habitable house) sein); in dieser Beziehung unterliegt es der Begutachtung durch den Land-Board.

Der Wert der Verbesserungen muß betragen:

im 1. Jahre 10%
in den ersten 2 Jahren 20%
in den ersten 6 Jahren 30% vom Werte des Landes. Hierzu kommen noch substantial improvements, die ähnlich wie auf gekauftem Lande nach dem 6. Besitzjahre bei erstklassigem Lande den Wert von £ 1 pro Acker, bei zweitklassigem von 10 Shilling pro Acker erreicht haben müssen[2]).

3. Occupation with right of purchase. Sie ist eine Pacht auf 25 Jahre gegen eine Jahresrente von 5% vom Werte des Landes bei der Ver-

---

[1]) Substantial improvements of a permanent character sind nach Art. 3 Trockenlegung von Sumpf, Fällen des Busches, Ausrottung von Ginster, Heckenrosen, Skrub, Kultivierung, Anpflanzung von Bäumen oder lebenden Hecken, Anlage und Bebauung von Gärten, Herstellung von Einzäunungen, Drainieren, Wegebau, Brunnenanlagen usw.

[2]) Hierbei handelt es sich nur um rural land. Bei den suburban lands gelten besondere Bestimmungen (Art. 146).

gebung. Die Wohnpflicht ist — kürzer als bei der lease in perpetuity — auf 7 Jahre festgestellt. Die Verbesserungspflicht war die gleiche wie bei dieser.

4. Endlich enthält das Gesetz noch Bestimmungen über die Vergebung von Weideland. Dies wird unter zwei Besitzformen verpachtet:

a) Die small grazing runs. Sie umfassen Weideländer von 5000 bis 20000 Acker Größe. Die Pachtdauer ist 21 Jahre, nach deren Ablauf der Pächter den Vertrag erneuern kann. Wohnpflicht und Verbesserungen sind auch hier obligatorisch. Eigentumserwerb ist ausgeschlossen ebenso wie bei den

b) pastoral runs. Sie sollen nicht größer sein als nötig ist, um 20000 Schafe zu weiden und dauern 21 Jahre.

Auch für die Weidepachten war allgemein der Grundsatz aufgestellt, daß jeder Pächter nur eine solche Pacht besitzen dürfe.

Im allgemeinen galt für alle Besitzformen, daß der Besitzer, ob Eigentümer oder Pächter, sein Land an Dritte veräußern dürfe, sei es auf dem Wege des Verkaufs, der Verpachtung (auch Unterpacht) oder der Verpfändung. Nur wurde — wie schon erwähnt — ganz allgemein ein Aufsichtsrecht des Staates über diese Veräußerungen, abgesehen von der hypothekarischen Belastung festgestellt. Auch bei dem Eigentumsland bestand diese Beschränkung durch die Bestimmung, daß auch auf dem Wege der Veräußerung (transfer) Land nur zu persönlichem Gebrauch und Nutzen des Eigentümers verwendet werden dürfe. Schärfer aber war dies Aufsichtsrecht des Staates bei den verschiedenen Pachtformen ausgeprägt, insbesondere bei der occupation with right of purchase und der lease in perpetuity, indem jede Veräußerung, ob ganz oder teilweise, von der Zustimmung des Land-Board abhängig gemacht wurde, dem der neue Erwerber, da es sich um Erfüllung der Siedelungsbedingungen handelte, erst über seine persönlichen Verhältnisse Auskunft zu geben hatte. Aber nur so war es möglich, die Bildung von Latifundien auf Kronland und den Mißbrauch des Landes zu Spekulationszwecken in Zukunft zu verhindern, was dank der Tätigkeit des Land-Board, der ja politischen Einflüssen zugänglich, ganz im Sinne der herrschenden Partei handelte, auch tatsächlich erreicht worden ist.

Der bodenreformerische Charakter des Landgesetzes 1892.

Für den bodenreformerischen Charakter des Landgesetzes von 1892 ist vor allem das gegenseitige Verhältnis der drei Besitzformen für Ackerland — Eigentum, occupation with right of purchase und lease in perpetuity (Erbpacht) — maßgebend. Durch die gesetzliche, allerdings ziemlich weite, Kontingentierung der Fläche Krönlandes, die in einem Jahr in Privateigentum übergehen konnte (250000 Acker), gab das Gesetz zu erkennen, daß es die Pachtformen, wo also der Staat Eigentümer des Landes blieb, gegenüber dem Privateigentum bevorzugte. Dies zeigt sich noch deutlicher in der Art, wie die Erbpacht, die Besitzform der Pachtgüter, bei der jeder Eigentumserwerb ausgeschlossen war, gegenüber der occupation with right of purchase, die ja zum Eigentum führen konnte, bevorzugt wurde. Der Pachtszins bei der Erbpacht war geringer wie bei der occupation (4% gegen 5%). Ferner kann er bei der ersteren niemals steigen, so sehr sich auch der Wert des Pachtstückes erhöhen mag. Bei der Occupation aber, die nach 25 Jahren beendigt ist, findet eine Neueinschätzung statt, wenn der Besitzer nach Ablauf dieser Zeit das Landstück noch nicht zu Eigentum erworben hat, und weiter behalten will, worauf er übrigens keinen Rechtsanspruch hat. Die Erbpacht ist endlich praktisch so gut wie Eigentum, da sie zeitlich nicht begrenzt ist. Die occupation aber endet nach 25 Jahren, ohne daß, wie gesagt, der Besitzer einen Rechtsanspruch auf Wiedererneuerung der Pacht hätte. Außerdem war die Umwandlung aller Besitzformen in Erbpacht zugelassen, während das Umgekehrte nicht stattfand. Für den Staat brachte die Erbpacht den Vorteil, daß er in höherem Maße als bei anderen Besitzformen die Kontrolle über den bona-fide-Charakter der Ansiedler beibehielt, aber andererseits den großen Nachteil, daß die Höhe der Rente keinen Neueinschätzungen unterlag.

Indem das Landgesetz die Erbpacht so anziehend wie möglich machte, ja sogar vor großen Gewinnverlusten für den Staat, die das Fehlen der Neueinschätzungen mit sich bringen mußte, nicht zurückschreckte, suchte es also die nicht kapitalstarke Masse der Ansiedler zu dieser Besitzform zu veranlassen. Es zeigt sich also, daß die herrschende Partei für die Zukunft den Übergang von Kronland in Privateigentum möglichst verhindern und statt dessen in weitem Maße Staatseigentum an Kronland erhalten wissen wollte. Es handelt sich also um den Anfang der Verwirklichung der Forderung John Stuart Mills, daß in Zukunft die Veräußerung von Land, das noch im Eigentum des Staates oder öffentlicher Körperschaften steht, verhindert werden sollte. Freilich war diese radikale Forderung Mills nicht verwirklicht worden, aber die Tendenz kam doch klar genug zum Ausdruck. Hier, wie bei Mill, handelte es sich nicht um eine Bodenverstaatlichungsbewegung; der gegenwärtige Grundbesitz sollte nicht angegriffen, sondern nur die zukünftige Entwicklung im Sinne des Staatseigentums beeinflußt werden.

Daß die erwähnte Forderung Mills nicht verwirklicht wurde, scheint nicht darauf zurückzuführen zu sein, daß die progressiven Führer Neuseelands weniger radikal gewesen wären wie er. Drummond[1]) berichtet, daß Mc Kenzie 1891 die Absicht gehabt habe, ganz im Sinne Mills in Zukunft den Verkauf von Kronland vollständig zu verhindern. Indessen kam dieser Gedanke, auch in seiner ersten Landbill, nicht zum Ausdruck, denn er hätte die öffentliche Meinung gegen sich gehabt. Mc Kenzie gab deshalb nach. An Stelle der späteren Erbpacht war in der Landbill eine perpetual lease orgesehen, und zwar für 50 Jahre mit Neueinschätzungen nach dieser Periode[2]). Der Entwurf wurde nicht Gesetz; die zweite Bill von 1892 war gleichlautend, und erst in zweiter Lesung strich Mc Kenzie, infolge der starken Angriffe gegen die Staatspacht, die perpetual lease und ersetzte sie durch die Erbpacht, um sie dem Eigentum möglichst ähnlich zu machen. Wie das Ziel jedes Bauern das Eigentum des von ihm bebauten Landes ist, so glaubte Mc Kenzie nachgeben zu sollen, indem er bei der Erbpacht eigentlich nur gefühlsmäßig die Pacht erkennen ließ. „Das dauernde Interesse am Boden", das Art. 6 des Programms der Land Tenure Reform Association für den Bauern gesichert wissen wollte, schien so gewährleistet. Daß die Erbpacht, die erst das Landgesetz von 1907 abschaffte, infolge des Fehlens der Neueinschätzungen ein Mißgriff war, wird jetzt allgemein zugegeben. Dem Staate sind auf diese Weise Millionen verloren gegangen[3]).

4. Die Grundsteuer (Land-tax).

Das erste Grundsteuergesetz wurde 1892 erlassen. Seine Grundsätze sind dieselben wie bei dem entsprechenden Gesetze des Jahres 1878. Das Objekt der Besteuerung ist der Bodenwert nach Abzug des Wertes aller Verbesserungen. Nur Grundstücke, die im Privateigentum stehen, werden besteuert. Alles Land, das die Staatspächter oder die

---

[1]) Drummond, Seddon, S. 298. Diese Angaben konnte ich nicht nachprüfen; glaubhaft sind sie wohl, da Mc Kenzie fast in jeder seiner Reden einen Angriff gegen das Grundeigentum richtete; immer wieder redete er von der „cruelty of freehold". Vgl. die Hansards von Neuseeland.

[2]) Dies hätte den Gedanken Mills entsprochen, der immer lange Pachtzeit forderte, da bei kurzer Pachtzeit die Kultivierung des Bodens leide. So bemerkt er, Dissertations IV, S. 291, daß die kurzfristigen Pächter (tenants at will) zur Bodenkultivierung nicht viel beitrügen.

[3]) Vgl. Schachner, Australien, S. 262.

Pächter öffentlicher Körperschaften besitzen, ferner das Eingeborenenland, ist von der Steuer eximiert. Alle Grundstücke, deren unverbesserter Wert £ 500 nicht übersteigt, sind steuerfrei, wenn der ganze Besitz des Eigentümers (Verbesserungen, Vieh usw. mit einbegriffen), £ 1500 nicht übersteigt. Sonst muß er für je £ 2 über £ 1500 ein £ versteuern. Abgesehen von dieser allgemeinen Exemtion darf jeder Grundeigentümer den Betrag der auf seinem Grundstück lastenden Hypotheken von dessen Wert abziehen. Die Grundsteuer für den Wert der Hypotheken wird auf den Hypothekengläubiger überwälzt, so daß Grundeigentümer und Hypothekengläubiger in dieser Beziehung als Miteigentümer behandelt werden.

Die Grundsteuer zerfällt in zwei Teile, die allgemeine und die graduierte Grundtseuer.

1. Die allgemeine Grundsteuer (ordinary land-tax) beträgt 1 d. für je £ 1 Steuerwert.

2. Die graduierte Grundsteuer (graduated land-tax) wird als ein Zuschlag von allen Grundstücken mit einem unverbesserten Wert von über £ 5000 erhoben, und zwar ist sie progressiv, entsprechend dem Wert des Grundstücks. Die graduierte Grundsteuer wurde zweimal, 1903 und 1907, erhöht. Nach der letzten Erhöhung 1907 beträgt sie bei £ 5000 Bodenwert $1/16$ d. pro £ und steigt bis zu $13/16$ d. bei £ 40000. Von da ab wächst sie für jede weiteren £ 1000 um $1/5$ Shilling. Bei £ 200000 ist das Maximum erreicht: Hier beträgt der Steuersatz £ 2 für £ 100, also 2 %. Weitere Steigerungen finden nicht statt.

Außer dieser graduierten Grundsteuer sind noch weitere Zuschläge eingeführt worden:

1. Eine besondere Abwesenheitssteuer (absentee tax) hat jeder abwesende Grundeigentümer zu bezahlen. Als abwesend gilt, wer nicht die 4 Jahre, die der Einschätzung seines Grundstückes vorhergingen, zur Hälfte in Neuseeland zugebracht hat. Die Abwesenheitssteuer besteht in einem Zuschlag von 50 % zur graduierten Grundsteuer.

2. Seit 1910 wird von der graduierten Grundsteuer bei einem Bodenwert von über £ 40000 ein Zuschlag von 25 % erhoben für alles Land, das nicht zu den Wirtschaftsgebäuden (business premise) gehört.

Über den Charakter der Grundsteuer gilt das oben bezüglich der Grundsteuergesetzgebung Sir George Greys Gesagte. Nur waren die Grundsteuergesetze seit 1892 infolge der verschiedenen Zuschläge noch viel radikaler als jene.

Die finanziellen Ergebnisse der Grundsteuer waren 1910—1911 folgende:

>Allgemeine Grundsteuer . . . . . £ 416 426
>Graduierte Grundsteuer . . . . . £ 209 493
>Abwesenheitszuschlag . . . . . . £ 2 804
>zusammen . £ 628 723

d. h. etwa gleich $1/_8$ aller Einnahmen aus Zöllen und Steuern[1]). Dies Resultat erscheint nicht sehr bedeutend. Indessen sollte ja auch die Grundsteuer nicht finanziellen Zwecken dienen, sondern in erster Linie dem Kampf gegen den Großgrundbesitz. Inwieweit sie dieses Ziel erreicht hat, wird unten erörtert werden.

---

[1]) £ 4 837 322. New Zealand Official Yearbook 1911 S. 685.

III. Die Ansiedelungsgesetzgebung und ihre praktischen Ergebnisse.

1. Die Ansiedelungsgesetzgebung im Allgemeinen.

a) Das Ansiedelungsgesetz von 1892.

Es stellt zunächst nur ein neues Experiment auf dem Gebiete der inneren Kolonisation dar, das sich der Reihe der früheren (village settlements und special settlement associations) anreihte. Es unterscheidet sich aber von diesen dadurch, daß es der Auftakt zu der ausgedehnten Tätigkeit der Regierung in den folgenden Jahren auf dem Gebiete der inneren Kolonisation wurde.

Der Zweck des Gesetzes war der Ankauf von Land von Privaten durch den Staat und Verpachtung solchen Landes in mittleren und kleinen Stellen an bona-fide-Siedler.

1. Der Landerwerb. — Die Vorbereitung des Kaufabschlusses erfolgt durch eine dem Landboard analoge Behörde, den Board of Land Purchase Commissioners[1]) (in dem folgenden kurz „Board" genannt). Diesem lag insbesondere die Abschätzung des Landes zum Zweck der Beurteilung der Preisforderung des Eigentümers ob, und ferner die Feststellung, ob in dem betreffenden Landdistrikt ein Bedürfnis für den Ankauf von Ansiedelungsland bestand (Art. 3). Der Abschluß des Kaufvertrages erfolgt auf dem Wege freier Vereinbarung zwischen dem Staat und dem Landeigentümer. Das Angebot kann von beiden Seiten ausgehen. Voraussetzung für den Ankauf durch den Staat ist die Empfehlung des betreffenden Landstückes durch den Board (Art. 4). Aber dem Staate stand kein Mittel zu Gebote, den Eigentümer zum Verkauf zu zwingen, wenn dieser nicht verkaufen wollte.

---

[1]) Der Board besteht nach Art. 3 des Gesetzes aus: 1. dem Surveyor General, 2. dem Commissioner of taxes, 3. dem Commissioner of Crown-Lands und 4. dem District Land Registrar des betreffenden Landdistrikts.

Das so erworbene Land wird im Augenblick des Erwerbs durch den Staat Kronland.

Wieviel Land auf diese Weise erworben werden sollte, war indirekt dadurch begrenzt, daß der im consolidated fund[1]) dauernd festgestellte Jahreskredit auf £ 50000 bemessen war mit der Maßgabe, daß die Differenz zwischen den tatsächlichen Ausgaben und jener Summe dem folgenden Jahreskredit zugeschlagen werden konnte. Die Beschaffung der Geldmittel erfolgte durch Anleihen.

2. Vergebung des Landes. — Das Land wurde in Stücken von höchstens 320 Acker vergeben, wobei ausdrücklich bestimmt war, daß niemand mehr als ein solches Stück erwerben dürfe. Die Besitzform war ausschließlich die Erbpacht (lease in perpetuity) mit einer Pachtsumme von 5% des Bodenwertes (gegenüber 4% nach dem Landgesetz 1892). Die Pacht war deshalb so hoch bemessen, weil sie zur Bestreitung der Ausgaben der Ansiedelungspolitik, nämlich Wege- und Brückenbau, Zinszahlungen für die unter den Ansiedlungsgesetzen aufgenommenen Anleihen, Speisung des Tilgungsfonds (sinking fund) verwendet wurde. Das Ziel, daß die Pachtsummen diese Ausgaben deckten, wurde auch erreicht (vgl. unten S. 119).

Über den Zweck des Ansiedelungsgesetzes 1892 sagt der Finanzbericht des Premierministers Ballance 1892 folgendes: „Die Regierung hält es für eine ihrer wichtigsten Aufgaben, daß das Werk der Kolonisation in vielen Teilen der Kolonie erneuert werde, wo das Landmonopol das Wachsen der Bevölkerung verhindert, oder wo die Bildung von Latifundien die Leute in die Stadt oder aus der Kolonie treibt." Wenn indessen der neuseeländische Premierminister auch die Auswanderung als zu beseitigendes Übel hinstellte, so war er bereits, als er den Finanzbericht schrieb, von den Tatsachen überholt. Eine Auswanderung aus der Kolonie hatte tatsächlich stattgefunden. Von 1885 bis 1891 haben 19938 Menschen die Kolonie verlassen[2]). Die Auswanderung hörte aber mit dem Jahre 1891 auf. Sie war ja wohl teilweise eine Folge der Latifundienwirtschaft, aber die meisten Auswanderungen erfolgten um 1890 und sind in erster Linie auf die großen Streiks des Anfangs der 90er Jahre zurückzuführen.

Eine Maßregel der inneren Kolonisation im großen Stile stellt das Ansiedelungsgesetz von 1892 nicht dar. Der Wirkungskreis des Gesetzes,

---
[1]) Der consolidated fund umfaßt bekanntlich die unveränderlichen Posten des Budgets, die, dauernd festgestellt, keiner jährlichen Bewilligung unterliegen.
[2]) New Zealand Off. Yearb. 1909, S. 125.

das im wesentlichen dem von der Regierung eingebrachten Entwurf entsprach, war im Gegenteil recht bescheiden bemessen. Schon aus dem Finanzbericht 1892 aber konnte man entnehmen, daß die Regierung das Gesetz nur als eine vorläufige Maßregel ansah und entschlossen war, später in größerem Maße Ansiedelungspolitik zu betreiben. Hemmend machten sich bei dem Gesetz von 1892 vor allem folgende Punkte geltend:

Der Jahreskredit war mit £ 50000 recht nieder bemessen. Für diese Summe konnte nicht viel Land gekauft werden, das den Zwecken des Ansiedelungsgesetzes entsprach. Es kam ja nur erstklassiges Ackerland (rural land) in Frage; denn nur solches konnte bei der extensiven Wirtschaftsweise Neuseelands im allgemeinen in Farmen von 320 Acker Größe mit Erfolg bewirtschaftet werden. Hierbei ist noch zu berücksichtigen, daß das Maß von 320 Acker das Maximum bedeutete, der Durchschnitt also voraussichtlich unter diesem Maße liegen mußte. Für solches Land waren aber hohe Preisforderungen zu erwarten, um so mehr, als für das closer settlement nur Land in der Nähe von Flüssen und Verkehrsstraßen, wo den Ansiedlern keine Schwierigkeiten für den Absatz ihrer Produkte erwuchsen, in Betracht kommen konnte. Bei dem geringen Jahreskredit aber mußte der Ankauf von Land sich in recht mäßigen Grenzen bewegen.

Der zweite Mangel des Gesetzes lag darin, daß der Regierung die Befugnis fehlte, Land zu enteignen. Hierdurch war sie nicht nur verhindert, einen Druck auf die Landbesitzer zum Verkauf auszuüben, sondern vor allem war ihr jede Möglichkeit genommen, übertriebene Preisforderungen bei solchen Verkäufen mit Erfolg zu bekämpfen. Gerade aber die Preisbildung war für den Erfolg der Ansiedlungspolitik von höchster Wichtigkeit, nicht nur absolut dadurch, daß sie die Quantität des Ansiedelungslandes, das die Regierung kaufen konnte, bestimmte, sondern vor allem deshalb, weil von ihr die Höhe des Pachtzinses abhing. Hierbei ist noch zu berücksichtigen, daß zu dem Kaufpreis noch die Auslagen der Regierung für Vermessung, Straßen-, Wege- und Brückenbau auf dem angekauften Lande hinzukamen, die auch verzinst werden mußten. Wenn auch die Regierung auf die Enteignungsbefugnis verzichtete, so war dieser Verzicht doch nicht für immer gemeint. In dem erwähnten Finanzbericht 1892 heißt es: „Vielleicht wird eine solche Maßregel (nämlich die Enteignung) in der Zukunft nötig werden, aber es besteht die Meinung, daß freiwilliger Verkauf genügend viel Land zur Verfügung stellen wird, damit ein Versuch mit diesem System der Neukolonisierung (re-colonisation) gemacht werden kann, bevor man einen anderen Schritt unternimmt." Der Versuch, ohne Enteignungsklausel auszukommen, erschien dem Landminister Mc Kenzie vorläufig auch nicht sehr gewagt, und zwar mit Rücksicht auf das große Landangebot, das er erwartete. In seiner Parlamentsrede vom 16. August 1892[1]) bemerkte er, ,,daß er in den letzten Jahren viele Angebote von Grundeigentümern erhalten habe, die dem Staate Land hätten verkaufen wollen; er habe mangels gesetzlicher Ermächtigung nichts tun können. Er erwarte dementsprechend auch für die Zukunft ein starkes Angebot". Offenbar hoffte er auch, daß sich bei dem starken Angebot die Landpreise von selbst regulieren würden. Wenigstens ging er auf diese Frage bei der Beratung des Gesetzes nicht ein.

Maßgebend für den Verzicht der Regierung auf die Enteignungsklausel ist außer diesem Gesichtspunkt zweifellos noch ein anderer Umstand gewesen: die Enteignung war eine äußerst radikale Maßregel, die selbst in den Reihen der Regierungspartei viele Gegner hatte. Es zeigte sich, daß trotz aller sozialistischen Ideale vielfach noch individualistische Gedankengänge herrschend waren, d. h. hier, daß man das bestehende Privateigentum zugunsten der Allgemeinheit noch nicht antasten wollte. Erst bei den Neuwahlen November 1893 verschwanden diese Gegner der Enteignung[2]), und die Folge war dann, daß dem Ansiedelungsgesetze von 1894 die Enteignungsklausel auf Antrag der Regierung eingefügt wurde.

Die Praxis des Gesetzes zeigte später, daß Mc Kenzie die Stärke der Position der Grundbesitzer bedeutend unterschätzt hatte. Die Partei der Grundbesitzer, die konservative Opposition im Parlament, die ihre Stärke richtiger als Mc Kenzie einschätzte, fürchtete deshalb von dem Gesetz nicht viel, und so erklärt sich der geringe Widerstand, den sie dessen Zustandekommen entgegensetzte. Auch der Führer der Opposition (Rolleston) erkannte an, daß in manchen Teilen der Kolonie ein Bedürfnis für Ansiedelungsland bestände. Er wendete sich nur dagegen, daß das Gesetz allgemein auf alle Teile der Kolonie Anwendung finden sollte und schlug deshalb vor, das Parlament solle in jedem einzelnen Falle wie bei den village settlements, wo ein Landrückkauf nötig werden sollte, entscheiden. Zum Schluß erklärte er aber doch, nicht gegen das Gesetz stimmen zu wollen, das mit 45 gegen 8 Stimmen angenommen wurde. Die Haltung der Opposition wird auch dadurch mit erklärt, daß der Rückkauf von privatem Grundeigentum durch den

---

[1]) Hansard 77, S. 77.
[2]) W. P. Reeves, State Experiments I, S. 279.

Staat zum Zweck der Ansiedelung sich bisher bei den village settlements als wenig wirksame und den Grundbesitzern keineswegs gefährliche Maßregel erwiesen hatte. Von einer „alarmierenden" Wirkung[1]), wie bei der Grundsteuer, die ja auch 1892 eingeführt wurde, hörte man bei den Ansiedelungsgesetzen nichts.

Auch in dem Ansiedelungsgesetz 1892 folgte die Regierung wie bei dem Landgesetz 1892 der Theorie John Stuart Mills. Seine Gedanken über innere Kolonisation finden sich vor allem in den Dissertations. Sie sind kurz zusammengefaßt die folgenden: Soweit das noch nicht ins Privateigentum übergegangene Land nicht ausreicht, muß der Staat zum Zweck der inneren Kolonisation Land erwerben. Das Privateigentum an Land wollte John Stuart Mill nicht abschaffen. Auch war er gegen die von der Land and Labour League geforderte Bodenverstaatlichung[2]); für die innere Kolonisation kam also prinzipiell nur der Ankauf von Land durch den Staat auf dem Wege freier Vereinbarung in Betracht. Neben dem Erwerb des Grundbesitzes öffentlicher Korporationen und Stiftungen durch den Staat zu diesem Zweck handelt es sich bei Mill um folgende Fälle:

1. Einmal schlägt er vor, der Staat solle das auf dem Markt befindliche Land kaufen[3]).

2. An einer anderen Stelle[4]) verlangt er schon radikaler, der Staat solle das unbenutzte Land erwerben (resume), ferner alles wüste Land, das jetzt zu Sportzwecken diene oder nicht verpachtet werden könne, um dies seinem eigentlichen Zweck, der Produktion von Lebensmitteln, dem es jetzt entzogen ist, wieder zurückzugeben. Hierbei hat er sogar das Prinzip durchbrochen, daß der Landerwerb zum Zweck innerer Kolonisation nur auf dem Wege freier Vereinbarung erfolgen solle. Gerade bezüglich des landwirtschaftlich unbenutzten Landes bemerkt er[5]): „Wenn es bekannt geworden ist, was sie (nämlich jene Länder) sind, ihre Quantität, ihre Qualität und ihre Lage, dann muß eine Kommission eingesetzt werden, um zu prüfen und zu berichten, welcher Teil von ihnen für den Genuß der Freunde der Freiheit und Schönheit der Natur offengehalten werden muß, und welcher Teil von ihnen kultiviert

---

[1]) W. P. Reeves, State Experiments I, S. 260.
[2]) Mill, Diss., Bd. IV, S. 262, 256, 242.
[3]) Mill, Diss., Bd. IV. S. 250.
[4]) Mill, Diss., Bd. IV, S. 267.
[5]) Mill, Diss., Bd. IV, S, 260.

werden soll zum Wohle nicht der Reichen, sondern der Bedürftigen." Hier wird also schon ein staatlicher Eingriff in das Privateigentum gefordert. Wenn die Grundbesitzer das Land nicht verkaufen wollen, was jene Kommission zur Bebauung empfiehlt, so muß, wenn der Staat die Neukolonisation betreiben will, zum Zweck des Landerwerbs notwendig eine Zwangsmaßregel erfolgen. Die Landenteignung zum Zweck innerer Kolonisation ist in diesem Vorschlage bereits vorgezeichnet, wenn auch Mill diese Forderung nie erhoben hat[1]), sondern die Frage, was geschehen soll, wenn die Grundbesitzer ihr Land nicht freiwillig veräußern wollen, offen gelassen hat.

Das so vom Staat erworbene Land sollte zum Wohle der Bedürftigen verwendet werden. Und zwar denkt Mill hierbei in erster Linie an die Landarbeiter, als „den gedrücktesten Teil unserer arbeitenden Bevölkerung"[2]), er folgt hierin den sozialistischen Bodenreformern, die ja auch die Bodenreform in erster Linie als ein Mittel zur Verbesserung der Lage der arbeitenden Klassen aufgefaßt haben, geht aber über diese hinaus, indem er seine Forderung nicht mehr nur auf die Industriearbeiter, sondern ganz allgemein auf die Bedürftigen bezieht. Über die Form der Vergebung des Ansiedelungslandes sagt Mill ganz allgemein, die Ansiedelung soll in Genossenschaften oder in einem besonders geregelten System von Kleinsiedelungen (small farming) erfolgen[3]). Genossenschaftliche Landwirtschaft wäre wohl im Sinne O'Connors zu verstehen, während es bezüglich des small farming nicht wahrscheinlich ist, daß Mill hierbei allgemein an das System O'Connors gedacht habe. Nirgends findet sich ein Anhalt für eine solche Auffassung. Einmal spricht er zwar von „grant of land in small parcels to respectable agricultural labourers at a fixed rent"[4]), aber eben mit ausdrücklicher Beschränkung auf die Landarbeiter. Anderseits hat er sich wiederholt, namentlich in seinem Grundriß der politischen Ökonomie als Bewunderer der in England so seltenen Kleinbauernwirtschaften, wie sie in Frankreich, Deutschland und der Schweiz beständen, gezeigt, und man wird nicht fehl gehen, wenn man den Ausdruck small farming hierauf bezieht. Auch der Art. 6 des Programms der Land Tenure Reform Association verlangt, daß Land zum Zweck der Verpachtung an kleine Bauern angekauft werden sollte.

---

[1]) Mill, Diss., Bd. IV, S. 262.
[2]) Mill, Diss., Bd. IV, S. 260.
[3]) Mill, Diss., Bd. IV, S. 250.
[4]) Mill, Diss., Bd. IV, S. 246.

Über die Rechtsform solcher Siedelungen, insbesondere ob die Ansiedler Staatspächter werden sollten, sagt er nichts. Jedenfalls dachte er sich die Verwertung solchen vom Staate zurückgekauften Landes so, wie bei demjenigen Lande, das noch im Staatsbesitz war, und dessen Übergang in Privateigentum er verhindert haben wollte. Mit Bezug auf letzteres hat er ein Schema aufgestellt[1]), nämlich:

1. Kapitalistische Farmer als Staatspächter mit Vertragsbedingungen zugunsten der Arbeiter, oder

2. genossenschaftliche Landwirtschaft, oder

3. lange Pachten mit besonderen Bedingungen für kleine Bauern (cultivators). In dieser letzteren Forderung ist das Pachtgut vorgezeichnet, und zwar das Pachtgut ohne die Möglichkeit des Eigentumserwerbes. Die Land Tenure Reform Association führte dies in dem Art. 6 ihres Programms so aus, daß Bedingungen festgestellt werden sollten, die die geeignete Bewirtschaftung des Bodens garantieren und dem Bauern ein dauerndes Interesse am Boden gewähren.

Was John Stuart Mill gefordert hatte, ist im allgemeinen in dem neuseeländischen Ansiedelungsgesetz von 1892[2]) verwirklicht worden bis in die Einzelheiten der Besitzform des Pachtgutes. Eine scheinbare Verschiedenheit liegt darin, daß man in Neuseeland von einer Bevorzugung der Landarbeiter absah. Doch ist dies wohl nur eine auf die verschiedenen lokalen Verhältnisse Englands und Neuseelands zurückzuführende Abweichung. Für das Wesen der Reformpläne und der Ansiedelungspolitik überhaupt ist sie aber ohne Bedeutung. Die gemeinsame Grundlage der Vorschläge John Stuart Mills und der neuseeländischen Ansiedelungspolitik ist, daß beide unter dem Eindruck der Schäden der Latifundienwirtschaft handeln, beiden ist der Großgrundbesitzer der ökonomische Feind, gegen den sie ihre Angriffe richten.

b) Die Wirkungen des Ansiedelungsgesetzes von 1892.

Die Voraussetzung des Rückkaufs von Land war die unbefriedigte Nachfrage nach Farmland. Klagen darüber, daß zu wenig Siedelungsland gegenüber der starken Nachfrage vorhanden sei, enthielten, wie bereits erwähnt, in den 90er Jahren die Berichte fast aller Kronlandskommissare. Eine Ausnahme machte eigentlich nur Southland, wo zeitweise genügend

---

[1]) Mill, Diss., Bd. IV, S. 248.
[2]) Bei diesem handelt es sich natürlich nicht um eine small-farm-Bewegung, da die Maximalfläche eines Pachtgutes 320 Acker beträgt. Ähnlich ist es bei den folgenden Ansiedlungsgesetzen.

viel Privatland auf dem Markte war, um der Nachfrage gerecht zu werden; aber schon 1898 kamen auch aus Southland[1]) dieselben Klagen. Mc Kenzie sagte gelegentlich der Beratung des Ansiedelungsgesetzes von 1894, daß der Landmangel am schlimmsten in Nord-Otago, Canterbury, Marlborough und Hawke's Bay sei[2]). Namentlich Canterbury scheint in schlimmer Lage gewesen zu sein. Denn 1896 berichtet der Kronlandskommissar[3]) von einer Abwanderung von Söhnen von Kleinfarmern, von Landarbeitern, Handwerkern und Arbeitern aus dem Distrikt infolge Landmangels.

Ist die Regierung unter dem Ansiedelungsgesetz 1892 dieser Nachfrage gerecht geworden?

Die erste Folge des Gesetzes war, wie Mc Kenzie erwartet hatte, ein äußerst hohes Angebot in Land an den Staat, nämlich

1892/93 (6 Monate)	44 Güter	132 955 Acker
1893/94.............	102 ,,	913 266 ,,
1894/95[4])	208 ,,	1 075 239 ,,
	354 Güter	2 121 450 Acker.

Die meisten dieser Güter lagen in den fruchtbarsten Provinzen der Südinsel, in Canterbury und Otago[5]), also gerade da, wo Ansiedlungsland am nötigsten war. Merkwürdig war das Vorwiegen der mittelgroßen und kleinen Betriebe unter 1000 Acker bei diesem Angebot.

Jahr	Zahl der angeb. Güter	Hiervon unter 1000 Acker	Hiervon in Canterbury	Otago
1892/93	44	23	22	—
1893/94	102	47	20	16
1894/95	208	108	82	17

Die mittleren und kleinen Farmer befanden sich vielfach in wirtschaftlich schlechter Lage. Der Kronlandskommissar von Canterbury, wo ja die Mehrzahl der angebotenen Kleingüter lag, führt dies im wesentlichen auf folgende Gründe zurück[6]): schlechte Bodenqualität, Abgelegenheit, schlechte Wegeverbindung und, bei den von Arbeitern be-

---

[1]) 1896 C-1, S. 32 und 1898 C-1, S. 27.
[2]) Hansard 83, S. 631.
[3]) 1896 C-1, S. 19.
[4]) Das Jahr 1894/95 kann hier noch mitgerechnet werden, denn das neue Ansiedelungsgesetz wurde erst im Oktober 1894 erlassen.
[5]) 1893 44 Güter, wovon in Canterbury 22, in Otago —,
1894 102 Güter, wovon in Canterbury 33, in Otago 35.
1895 208 Güter, wovon in Canterbury 115, in Otago 35. Nach C-1 der betr. Jahre.
[6]) 1896 C-1, S. 17; Überschuldung wird nicht erwähnt.

setzten Stellen, Mangel an Arbeitsgelegenheit, endlich schlechte Ernten. Aus dieser mißlichen Lage hätten sie teilweise die gute Ernte 1895/96 und das allgemeine Steigen der Preise befreit. Von Otago, wo der Rest der angebotenen Kleinfarmen lag, fehlen Angaben über diesen Gegenstand; indessen können die für Canterbury maßgebenden Gesichtspunkte auf Otago, das im allgemeinen unter denselben wirtschaftlichen Bedingungen wie Canterbury lebt, übertragen werden. Zu diesen Gründen für die schlechte Lage der Farmer kam nach Lloyd[1]) noch der hinzu, daß mehr als die Hälfte von ihnen in der ganzen Kolonie verschuldet gewesen ist.

Von der schlechten wirtschaftlichen Lage der Großgrundbesitzer war schon oben die Rede. Diese wollten auch die Gelegenheit, ihr unrentables Land loszuwerden, benutzen. Den Anstoß zum Verkaufsangebot an den Staat gab bei ihnen vielfach die Grundsteuer (hierüber unten S. 79, 123f. das Nähere).

Der Staat bekam nun viel mehr Land angeboten, als er überhaupt kaufen konnte. Die meisten Angebote[2]) wurden schon vom Board abgewiesen. Zum Ankauf empfohlen wurden unter dem Ansiedelungsgesetz 1892 (bis 31. November 1895) nur 74593 Acker, d. h. 3,5 % der angebotenen Fläche. Und hiervon wieder wurden 8 Güter angekauft, nämlich:

in Canterbury 5 mit 2 380 Acker,
in Otago 2 mit 7 809 Acker,
in Marlborough 1 mit 5 507 Acker
zusammen: 15 696 Acker,

d. h. 0,73 % der angebotenen Fläche. Der Preis für diese angekauften Güter betrug im ganzen £ 65257; der Jahreskredit wurde also bei weitem nicht erschöpft. Von den 8 angekauften Gütern waren 2 über 1000 Acker groß. Eines davon (Pomahaka in Otago) war, wie sich später herausstellte, ganz ungeeignet für die Zwecke des Gesetzes. Noch 1900 war die Hälfte seiner Fläche nicht verpachtet. Fast alles angebotene Land also wurde als für die Zwecke des Ansiedelungsgesetzes ungeeignet von

---

[1]) H. D. Lloyd, Newest England, S. 128. „58 % of those who occupied their own land were mortgaged so heavily, that their interest was equivalent to a rack rent", eine Behauptung, die ich nach dem mir zur Verfügung stehenden Material nicht nachprüfen konnte.

[2]) Die diesbezüglichen Angaben sind in den jährlichen Berichten über die Ansiedelungsgesetze (C-5) sehr lückenhaft, da am Ende des Berichtsjahres noch nicht alles angebotene Land auf seine Brauchbarkeit für die Zwecke des Gesetzes geprüft war. Ein genaues statistisches Bild kann daher nicht gegeben werden. Doppelt aber, das heißt in 2 Jahren 2 mal, wurde keines der Güter gezählt, was sich aus deren Namen ergiebt.

der Regierung zurückgewiesen. Für die Zurückweisung waren folgende Gründe maßgebend: 1. Das angebotene Land war seiner Qualität nach für die Ansiedelung ungeeignet, 2. der geforderte Preis war zu hoch, 3. es bestand kein Bedürfnis für den Ankauf von Ansiedelungsland in dem betreffenden Distrikt. Am häufigsten wird der 2. Ablehnungsgrund, am seltensten der 3. erwähnt[1]). In welchem Maße die übermäßigen Preisforderungen sich zeigten, geht aus einer Statistik hervor, die der Landminister Mc Kenzie 1894 dem Parlament vorlegte. Hiernach betrug der Wert von angebotenem Land nach der Einschätzung für die Grundsteuer durch die Regierung £ 357 894, der geforderte Preis aber £ 527 151, d. h. £ 169 257 oder beinahe die Hälfte (47 %) mehr[2]).

Diesen hohen Preisforderungen stand die Regierung machtlos gegenüber. Die Erwartungen, die Mc Kenzie auf das hohe Angebot in Land gesetzt hatte, waren also keineswegs eingetroffen. Die Folge war, daß die Regierung Land von solcher Qualität, wie sie es für Ansiedelungszwecke brauchte, preiswert kaum erhielt. Und zwar traf dies für große und kleine angebotene Güter in gleicher Weise zu. Die Ansiedelungspolitik drohte also zunächst an den hohen Preisforderungen der Grundbesitzer zu scheitern.

Weniger oft als wegen des zu hohen Preises wurden die Kaufangebote wegen der Ungeeignetheit des Landes für das closer settlement zurückgewiesen. Letzteres erfolgte nicht nur, weil das Land zu schlechten Boden hatte oder weil es zu abgelegen war und Wegeverbindung fehlte, sondern manches sonst geeignete Gut wurde nur deshalb zurückgewiesen, weil es zum Teil auch Land enthielt, das sich nur zur Weide eignete; solches Weideland aber konnte in Stücken von 320 Acker Größe nicht verpachtet werden[3]). Eine Verpachtung in größeren Stellen oder als Weidepacht aber ließ das Ansiedelungsgesetz 1892 nicht zu.

Es zeigte sich also, daß das Ansiedelungsgesetz 1892 als ein Mittel zur Zerstörung des Großgrundbesitzes ernstlich nicht in Frage kam, daß die Regierung vielmehr bei dem Landrückkauf im allgemeinen vom guten Willen der Großgrundbesitzer abhing. Mehrere Käufe wie der des Pomahaka in Otago mußten die Ansiedelungspolitik dem finanziellen Ruin entgegenführen. Das Fehlen der Möglichkeit, einen Druck auf die Grundbesitzer zum Verkauf auszuüben und die zu enge Bestimmung, daß das Land nur in Stellen von höchstens 320 Acker vergeben werden

---
[1]) Nie wird zu starke hypothekarische Belastung als Grund angegeben.
[2]) W. P. Reeves, State Experiments I, S. 276.
[3]) So 1894 C-5; auch die Berichte C-1 1894 und 1895.

dürfte, erwiesen sich neben der geringen Höhe des Jahreskredits als die Hauptmängel des Ansiedelungsgesetzes 1892. So schien der Ansiedelungspolitik weder eine große Ausdehnung noch ein großer Erfolg beschieden zu sein. Daß es anders kam, war die Folge eines außerhalb des Ansiedelungsgesetzes stehenden Ereignisses, nämlich des Kaufs des Cheviot-Estate in Canterbury durch die Regierung.

Der Cheviot-Estate liegt an der Ostküste der Südinsel, an der Grenze zwischen den Provinzen Canterbury und Marlborough. Er war eine der größten Privatbesitzungen, 84755 Acker[1])[2]) und wurde fast ausschließlich als Schafweide verwendet (80000 Schafe). Nur 83 Leute wohnten auf ihm, während er für Ackerbau gut geeignet gewesen wäre — ein Schulbeispiel eines neuseeländischen Latifundiums. Der Ankauf durch die Regierung geschah auf Grund eines Gesetzes von 1892, das eine vollständig aus dem Bodenreformprogramm John Stuart Mills übernommene Klausel enthielt (vgl. oben S. 24), wonach ein Eigentümer, der sein Gut zum Zweck der Grundsteuererhebung zu hoch eingeschätzt glaubte, einen Anspruch gegen den Staat hatte, das Gut zu seiner, des Eigentümers, niedrigeren Einschätzung mit einem Zuschlag von 10% zu übernehmen[3]). Eingeschätzt worden war Cheviot zu £ 305000, während der Eigentümer nur £ 260000 versteuern wollte. Die Regierung zögerte zunächst mit dem Ankauf wegen der Höhe der Summe und ließ vier Abschätzungen vornehmen, die alle weit über die Schätzung des Eigentümers hinausgingen. Die Frage war prinzipiell; denn es stand zu erwarten, daß ein Nachgeben der Regierung in diesem Fall eine ganze Reihe von Grundbesitzern veranlassen würde, die Steuereinschätzung anzufechten. So entschloß sich die Regierung nach langem Zögern im April 1893 zum Ankauf des Cheviot-Estate. Der streitbare Landminister McKenzie, von anderen als finanziellen Gesichtspunkten geleitet — er wies das Angebot eines Syndikats zurück, das der Regierung Cheviot für £ 300000 abkaufen wollte — sah in diesem Kauf eine willkommene Gelegenheit, dem Land ein Beispiel zu geben, was die Regierung aus einem solchen zurückgekauften Gut machen konnte. Cheviot wurde für die Vergebung als Acker- und Weideland hergerichtet, und zwar, da es nicht unter dem Ansiedelungsgesetz gekauft war, unter verschiedenen Besitzformen. Ein Jahr nach dem Ankauf waren beinahe $^7/_8$ von der

---
[1]) 1894 C-1, S. VI.
[2]) Der Cheviot Estate war unter dem billigen Landpreise Sir George Greys gekauft (Reeves, State Experiments I, S. 277).
[3]) Das Folgende nach Reeves, State Experiments I, S. 278.

Fläche schon vergeben (69000 Acker). Die Bevölkerung hatte sich in dem ersten Jahre um das Achtfache vermehrt[1]). Dieses glänzende Resultat war zweifellos ein Beweis dafür, daß ein starkes Bedürfnis nach Land für bona-fide-Siedler bestand.

Zugleich wurde es als Befähigungsnachweis der Regierung empfunden, zurückgekauftes Land zu besiedeln, an Stelle eines Latifundiums closer settlement zu setzen[2]). Diese „object-lesson" hatte die Wirkung, daß die Gegner einer energischen Ansiedelungspolitik, namentlich der Enteignung, aus dem neugewählten Parlamente 1894 größtenteils verschwanden. Die Regierung zögerte nun ihrerseits nicht, diese günstige Lage auszunutzen und eine energische Ansiedelungspolitik in die Wege zu leiten. Dies kam in dem Ansiedelungsgesetz 1894 zum Ausdruck.

c) Die Ansiedelungsgesetzgebung seit 1894.

Die Begründung des Ansiedelungsgesetzentwurfes 1894 durch die Regierung war dieselbe wie 1892, oder sie nahm Bezug auf die erwähnten Mängel des ersten Gesetzes, so daß sich ein näheres Eingehen hierauf erübrigt. Die Stimmung war im Parlament so sehr zugunsten der Regierung, daß das neue Gesetz ernsthaften Widerstand nicht fand. Auch ein Mitglied der Opposition äußerte sich: „Ich muß anerkennen, daß es unmöglich ist, irgend etwas zu tun, um dieses Gesetz zu Fall zu bringen"[3]). Das Ansiedelungsgesetz 1894 bildet die Grundlage der folgenden Ansiedelungsgesetze, die im allgemeinen nur technische Änderungen und Verbesserungen enthalten oder die Ansiedelungstätigkeit der Regierung ausdehnen. Dies gilt für alle Ansiedelungsgesetze bis 1908. Das Gesetz von 1908[4]) stellt insofern etwas Neues dar, als es die Besitzform des Pachtgutes auf Grund eines 1907 erlassenen Landgesetzes änderte, das auch sonst in mancher Beziehung eine Modifikation der bisher befolgten Landpolitik bedeutet.

---

[1]) 1894 C-1, S. VI/VII.

[2]) Auffallend war hierbei, daß das Publikum eine starke Vorliebe für die Erbpacht zeigte. Die Regierung hatte auf Cheviot ursprünglich mehr Land zum Kauf angeboten, als tatsächlich später gekauft wurde. Bei dem zweiten Verkauf fanden sich keine Käufer, was indessen nicht auf die schlechte Qualität des angebotenen Landes zurückgeführt werden kann. Die Nachfrage nach Erbpachtland war indessen immer stark, so daß das ursprünglich zum Kauf angebotene Land nachträglich unter dieser Form angeboten wurde, wo es auch sofort Abnehmer fand. Hier äußerte sich eben das Bedürfnis vieler nicht kapitalkräftiger Existenzen nach Land, und es zeigte sich, daß die Erbpacht als ein willkommenes Mittel zur Erreichung ihres Zieles von dieser Art Kolonisten angesehen wurde (1894 C-1, S. 110).

[3]) Hansard 83, S. 631.

[4]) Es heißt bezeichnend nicht Land for Settlements Consolidation Act wie das Gesetz von 1900, sondern Land for Settlements Act 1908.

Im folgenden wird eine Darstellung der Grundzüge der Ansiedelungsgesetzgebung seit 1894 gegeben werden. Hierbei kann die neueste Entwicklung, die Veränderung der juristischen Form des Pachtgutes nur angedeutet werden, da sie ihre Begründung und Erklärung in der neuesten Wendung der neuseeländischen Landpolitik hat, und dementsprechend nur nach einer Darstellung der letzteren erörtert werden kann (vgl. S. 128ff. und S. 67). Auch auf Einzelheiten technischer Art kann bei dieser Darstellung nicht eingegangen werden. Diese werden gelegentlich bei der Darstellung der Wirksamkeit der Ansiedelungsgesetze Erwähnung finden.

A. Das Organ der Regierung war wie 1892 der Board of Land Purchase Commissioners, und zwar in derselben Zusammensetzung. Durch den Land for Settlements Amendment Act 1895 Art. 2 wurde aber die Zahl der Mitglieder auf 5 erhöht, nämlich um den Land Purchase Inspector der Kolonie (ein neugeschaffenes Amt) und ein für jeden Distrikt vom Landminister ernanntes Mitglied. Der Board hatte im allgemeinen dieselben Funktionen wie nach dem Gesetz von 1892, nur daß diese durch die Möglichkeit der Enteignung erweitert worden waren.

B. Der Erwerb des Landes durch die Regierung wurde der allgemeinen Beschränkung unterworfen, daß Reserven und wohltätige Stiftungen nicht unter die Bestimmung des Ansiedelungsgesetzes fallen (Ges. 1894, Art. 41; ebenso die folgenden).

I. Zu welchen Zwecken darf die Regierung Land unter dem Ansiedelungsgesetz erwerben?

Es kommt hierbei zunächst nur Land in Betracht, das ausschließlich landwirtschaftlichen Zwecken dienen sollte. Daneben sieht die Ansiedelungsgesetzgebung seit 1896 den Ankauf von Land in oder in unmittelbarer Nähe der Städte zur Errichtung von Arbeiterheimstätten (workmen's homes) vor. Letztere Grundstücke hatten keine oder doch nur sehr geminderte landwirtschaftliche Zweckbestimmung; sie kamen höchstens als Gartenpachtgüter in Betracht. Über diese, die auch sonst manche Unterschiede gegen die übrigen Pachtgüter aufweisen, vergleiche unten unter F.

1. Landerwerb zum Zweck der Begründung selbständiger landwirtschaftlicher Betriebe.

a) In erster Linie handelt es sich um den Erwerb von erst- oder zweitklassigem rural land zum Zweck der Schaffung bäuerlicher Betriebe, daneben aber auch

b) von Weideland, das aber nur sekundäre Bedeutung haben sollte.

2. Nicht der Errichtung selbständiger Betriebe, sondern zur Erleichterung der Bewirtschaftung von anderen Grundstücken sollen folgende Kategorien dienen:

a) Die sog. Heimstätten (homestead sites) für benachbartes hochliegendes Weideland, dann aber auch

b) ganz allgemein Landstücke, die zur Bewirtschaftung von benachbartem Weideland erforderlich sind (Ges. 1894, Art. 4, Ziff. 3 und 4; ebenso die folgenden).

c) durch das Ans.-Ges. von 1900 (Art. 6, Ziff. 5) wurde hierzu noch die Möglichkeit des Landerwerbs gefügt zum Zweck der Vervollständigung oder Abrundung eines Pachtgutes, das auf Grund eines Ans.-Ges. entstanden war.

II. Die Formen des Landerwerbs durch die Regierung.

1. Die hauptsächlichste Form ist der Kauf, und zwar in zwei Gestalten:

a) Der Kauf nach freier Vereinbarung geht wie nach dem Ans.-Ges. 1892 vor sich; auch die Funktionen des Board sind dieselben wie damals. Das Ans.-Ges. 1901 (Art. 7) hat hierzu noch die Möglichkeit gefügt, daß nicht nur auf dem Wege der Verhandlung zwischen der Regierung und dem Grundstückseigentümer Land gekauft werden kann, sondern daß die Regierung auch bei Landauktionen kaufen darf[1]).

b) Landerwerb durch Enteignung (Ans.-Ges. 1894, Art. 6ff.).

Das Verfahren war zunächst noch ziemlich erschwert, ein Zeichen dafür, daß die Enteignung doch im allgemeinen nicht populär war. Voraussetzung jeder Zwangsenteignung ist ein schriftlicher Bericht des Board, durch den er das betreffende Gut zum Ankauf empfiehlt, und in dem zugleich die Klassifizierung des Landes und die Preisschätzung des Board enthalten ist. Die Regierung muß dann den Fall dem Oberhause vortragen; erst wenn dieses seine Zustimmung gegeben hat, kann die Enteignung vorgenommen werden. Hierbei ist ausdrücklich bestimmt, daß der Preis, den die Regierung zu bezahlen hat, nicht höher sein darf als die Schätzung des Board (Ans.-Ges. 1894, Art. 5; ebenso die folgenden). Gegen die Festsetzung des Preises und gegen die Klassifizierung des Landes steht dem zu enteignenden Eigentümer die Berufung an ein Schiedsgericht (Compensation Court) zu, dessen Vorsitzender der Oberrichter der Kolonie ist. Dieses entscheidet endgültig

---

[1]) Auch hier ist die Empfehlung durch den Board Voraussetzung des Ankaufs. Ob und inwieweit von dieser Möglichkeit Gebrauch gemacht wurde, läßt sich nach den Berichten C-1 und C-5 nicht feststellen.

(Ans.-Ges. 1894, Art. 6ff.; ebenso die folgenden). Hierbei ist dem Eigentümer nicht nur der Wert des Landes, sondern auch der Gewinnentgang zu ersetzen, der ihm infolge der Enteignung für seine Erwerbstätigkeit entsteht. Seit 1900 ist das Verfahren dadurch vereinfacht, daß die Zustimmung des Oberhauses nicht mehr erforderlich ist. Die zahlreichen Bestimmungen, die im Laufe der Jahre fast in jedem Ansiedlungsgesetz bezüglich der Enteignung erlassen worden sind, betreffen nur die Technik des Verfahrens und interessieren hier nicht.

Inhalt des Enteignungsrechtes der Regierung, soweit es sich nicht auf Arbeiterkolonien bezieht. — Die Regierung kann Güter, die ihr zu Siedelungszwecken geeignet erscheinen, ganz oder teilweise enteignen, und zwar bezieht sich dieses Recht in gleicher Weise auf alle unter B. I genannten Fälle.

Die Enteignung unterliegt der allgemeinen Einschränkung, daß Land nur bis zu der Grenze des „erlaubten Maximum" („prescribed maximum", Ans.-Ges. 1900, Art. 2; ebenso alle folgenden Ans.-Ges.) enteignet werden kann, d. h. der Eigentümer hat das verzichtbare Recht, bei jeder Enteignung aus seinem Gute eine Fläche gleich dem erlaubten Maximum auszuscheiden, und für sich zu behalten (Ans.-Ges. 1900, Art. 8ff.). Dieses erlaubte Maximum beträgt:

bei erstklassigem Lande Ackerland) . . . . 1000 Acker,
bei zweitklassigem Lande (Acker und Weideland gemischt) . . . . 2000 „ ,
bei drittklassigem Lande (Weideland) . . . . . . 5000 „ ;

hierzu kommen noch bei zweit- und drittklassigem Lande je 200 Acker, die als Heimstätte zusätzlich zu jenen Flächen von der Enteignung ausgenommen sind (Ans.-Ges. 1900, Art. 2; ebenso die folgenden). Innerhalb 5 Meilen von den vier Städten Auckland, Wellington, Christchurch, Dunedin betrug das erlaubte Maximum nach dem Ans.-Ges. 1894 500 Acker (vgl. hierzu unten über Arbeiterkolonien), seit 1908 nur noch 200 Acker (Ans.-Ges. 1908, Art. 2).

Ein Gut, dessen Fläche jenes Maximum nicht überschreitet, darf nicht enteignet werden (Art. 7 Ans.-Ges. 1894; ebenso die folgenden). Überschreitet dessen Fläche aber jenes Maximum und soll nur ein Teil des Gutes enteignet werden, und will aus irgendeinem anderen Grunde die Regierung das Gut nicht ganz kaufen, so hat der Eigentümer das Recht, von der Regierung den Ankauf des ganzen zu verlangen (Art. 7 Ans.-Ges. 1894; ebenso die folgenden).

2. Die zweite Form, in der der Staat Land erwerben kann, ist der Tausch. Es handelt sich bei dem Landtausch um keine neue Maßregel. Seit 1891 bestand ein Sondergesetz, wonach die Regierung derartige Tausche, wie jetzt nach dem Ansiedelungsgesetz, vornehmen konnte. Da es sich aber um eine Befugnis handelte, die in engem Zusammenhang mit der Ansiedelungstätigkeit steht, wurde sie in das Gesetz von 1894 aufgenommen. Art. 4, Ziff. 4 des Ges. von 1894 sieht den Tausch von hochliegendem Weideland gegen nieder liegendes oder Ackerland, das zur Ansiedelung geeignet ist, vor.

C. Der Jahreskredit wurde durch das Ansiedelungsgesetz 1894 (Art. 23) auf £ 250000 erhöht. Seit 1897 (Art. 3) beträgt er £ 500000. Wie beim Ansiedelungsgesetz 1892 ist auch er im Consolidated fund festgestellt. Die Beschaffung der Geldmittel zum Rückkauf des Landes und für die übrigen Ausgaben der Regierung unter den Ansiedelungsgesetzen geschieht durch Anleihen. Auch die Regelung des Anleiheverfahrens ist in den Grundzügen dieselbe wie 1892. Die Einzelheiten werden in dem Abschnitt über die finanziellen Ergebnisse der Ansiedelungspolitik dargestellt werden (vgl. unten S. 115 ff.).

D. Die Vergebung des Landes geschieht als:

1. Erbpacht wie bisher mit einem Pachtzins von 5 %. Durch den Land for Settlements Act 1908 wurde an die Stelle der Erbpacht die sogenannte renewable lease gesetzt[1]). Dies ist eine Pacht auf 33 Jahre mit einem Pachtzins von 4½ % vom Werte des Grundstücks, wobei nach je 33 Jahren eine Neueinschätzung dieses Wertes stattfindet. Der Pächter hat ein Recht, die Pacht nach jeder Neueinschätzung um weitere 33 Jahre zu verlängern. Der Eigentumserwerb ist auch hier ausgeschlossen. Indessen kann der Pächter bis zu 90 % des Kapitalwertes in Summen von je £ 10 abbezahlen; die letzten 10 % aber kann er nie abbezahlen, so daß der Staat immer Eigentümer bleibt. Sobald der Pächter ein Drittel des Kapitalwertes seines Pachtstückes in dieser Weise bezahlt hat, ist er von allen Siedelungsbedingungen befreit, ausgenommen die Pflicht zur Rentenzahlung und die Wohnpflicht[2]).

2. Small grazing run, d. h. kleine Weidepachten nach dem Landgesetz 1892. Es ist dies eine Pacht für 21 Jahre. Die Fläche eines solchen run durfte aber, zum Unterschied vom Landgesetz 1892, 5000

---

[1]) Vgl. S. 128f.
[2]) Die Bestimmungen über die ganze oder teilweise Veräußerung eines Pachtgutes sind dieselben, wie sie im Landgesetz 1892 (oben S. 47f.) ganz allgemein für die Erbpacht sowie die anderen Besitzformen festgestellt sind.

Acker nicht übersteigen. Bei dieser Pachtform handelt es sich also, strenggenommen, nicht mehr um Pachtgüter.

3. Von diesen Regeln werden einige unbedeutende Ausnahmen zugelassen:

a) Die Heimstätten werden als Bestandteil des Weidelandes, dessen wirtschaftlicher Zweckbestimmung sie dienen, behandelt, und die Erbpacht endet in diesen Fällen in demselben Zeitpunkt wie die Pacht des Weidelandes (Ans.-Ges. 1894, Art. 55; ebenso die folgenden).

b) Für Kirchen, ferner für Milch- und Butterfaktoreien, dürfen von dem Ansiedelungslande kleine Stücke bis zu 1 bzw. 5 Acker Größe verkauft werden (Art. 64 Ans.-Ges. 1900 und die folgenden).

E. Bezüglich der hypothekarischen Belastung der Pachtgüter wurde bestimmt, daß eine solche erst nach Ablauf des 5. Jahres der Pacht erfolgen dürfe (Art. 60 des Ansiedelungsgesetzes 1900, und der folgenden).

F. Die Arbeiterheimstätten (workmen's homes).

Soweit die Bestimmungen der Ansiedelungsgesetze, die für landwirtschaftliche Grundstücke Geltung haben, auch auf diese Art von Rentengütern Anwendung finden, sind sie hier nicht erwähnt. Es sollen hier nur die Unterschiede hervorgehoben werden. Die Arbeiterheimstätten wurden durch das Ans.-Ges. 1896 ins Leben gerufen (Art. 13). Zunächst sollte für Arbeiterheimstätten nur Land innerhalb einer Zone von 5 Meilen von den vier Städten Auckland, Wellington, Christchurch, Dunedin erworben werden (Art. 8 Ans.-Ges. 1897). Seit 1899 (Ans.-Ges. Art. 6) ist diese Möglichkeit dahin erweitert, daß für Arbeiterheimstätten auch Land innerhalb eines Ortes (borough) von mindestens 15 000 Einwohnern, oder innerhalb einer Zone von 15 Meilen davon, von der Regierung erworben werden darf. Während der Kauf solchen Landes wie bei sonstigem Ansiedelungslande vor sich geht, gelten für die Enteignung einige Besonderheiten. Zunächst ist gesetzlich bestimmt, daß Enteignung möglichst vermieden werden soll. Art. 9 des Ans.-Ges. von 1899 lautet: „Land soll nicht durch Enteignung erworben werden, bevor Verkaufsangebote in geeignetem Lande für diesen Zweck (Arbeiterkolonien) gemacht worden sind, und wenn nicht der Board überzeugt ist, daß geeignetes Land durch Kauf oder Tausch nicht erworben werden kann. Außerdem aber wurde bestimmt, daß die Fläche enteigneten Landes — zunächst bei den vier Städten, später aber allgemein — nicht mehr als 100 Acker betragen dürfe; ferner war naturgemäß das erlaubte Maximum, gegenüber dem der landwirtschaftlichen Betriebe, sehr herabgesetzt. Es betrug zunächst 500 Acker (Art. 2 Ans.-Ges. 1894) wurde aber 1897 (Art. 5) auf 200 Acker ermäßigt. Seit 1899 (Art. 6) ist bestimmt, daß der Eigentümer innerhalb eines borough noch 10, sonst noch 50 Acker behalten darf. Die Pachtform ist die Erbpacht, seit 1908 die renewable lease. Die Größe eines einzelnen Pachtgutes darf 3 (Art. 13 Ans.-Ges. 1896, seit 1900 (Art. 50) 5 Acker nicht überschreiten.

Die Tendenz des Ans.-Ges. 1894, wie sie sich aus dessen Begründung durch die Regierung ergiebt, und der folgenden, ist dieselbe wie desjenigen von 1892, so daß sich ein weiteres Eingehen hierauf erübrigt. Es sollte verhindern, daß der Landwirtschaft durch Abwanderung vom Lande noch mehr Blut entzogen werde, als bisher, und andererseits sollte es denjenigen Elementen, die gerne Farmer werden wollten, die Möglichkeit hierzu geben. Die Abwanderung vom Lande erfolgte eines Teils in die Städte. Mit Bezug hierauf sagt der Finanzbericht 1905 des Premierministers Seddon[1]): „In diesem neuen Lande müssen Maßnahmen getroffen werden, um die Überfüllung unserer Städte, die in der alten Welt so allgemein ist, zu verhüten; wie Bojen, die dem Seemanne die Klippen zeigen, müssen für uns Armut, Laster, Erniedrigung und Tod sein, die in jenen Städten hausen, und die das Staatsschiff gefährden." Die Abwanderung erfolgte aber auch von solchen Teilen der Kolonie, wo alles zur Farmsiedelung geeignete Land bereits vergeben war, in diejenigen Teile, wo solches Land noch zu haben war. Dies zeigte sich namentlich in Canterbury. 1896 berichtet der Kronlandskommissar[2]) — allerdings ohne Zahlenangabe —, daß eine Masse von kleinen Herdenbesitzern, Farmern, Handwerkern, Arbeitern, die Land haben wollten, nicht zu ihrem Ziele gelangen könnten und deshalb aus Canterbury auswanderten. Diese wandten sich vielfach nach der Nordinsel, wo sich einzelne später auf Ansiedlungsland (in Auckland) wieder finden[3]).

Die Ansiedelungstätigkeit der Regierung war seit 1894 eine viel energischere wie vorher, was äußerlich namentlich in der mehrfachen Erhöhung des Jahreskredits zum Ausdruck kommt. Wie sehr 1894 die Stimmung für die Ansiedlungspolitik war, kann man auch deutlich daraus ersehen, daß der Regierung ohne große Debatten das Recht der

---
[1]) Richard John Seddon, 1893—1906 Premierminister.
[2]) 1896 C-1, S. 19; vgl. oben S. 58/59.
[3]) 1909 C-1, S. 33.

Enteignung gegeben wurde, was noch 2 Jahre vorher undenkbar gewesen wäre.

Der bodenreformerische Charakter des Ans.-Ges. 1894 und damit der folgenden ist derselbe, wie der des Gesetzes von 1892. Nur war dadurch, daß die Enteignungsklausel eingefügt wurde, der radikale Charakter des Gesetzes schärfer zum Ausdruck gekommen.

Neu war die Ausdehnung der Ansiedelungsgesetzgebung auf die sog. workmen's homes. Es handelt sich bei diesen um ein Mittel, den arbeitenden Klassen billigere und gesündere Wohnungsgelegenheit als in der Stadt zu bieten und ihnen zugleich einen landwirtschaftlichen Nebenverdienst zu ermöglichen — also im Prinzip dasselbe, was die Land Tenure Reform Association im Art. 7 ihres Programms verlangt: „Ländereien, die der Krone, öffentlichen Körperschaften oder Wohltätigkeitsstiftungen gehören, sollen demselben Zweck (Bauernsiedelung) nutzbar gemacht werden ... ebenso zum Zweck der Verbesserung der Wohnungen der arbeitenden Klassen." Also auch diese Seite der Ansiedelungsgesetzgebung lag durchaus im Sinne Mills. Auf seine Forderung, das Staatsland zum Nutzen der Bedürftigen zu verwenden, ist schon oben hingewiesen worden.

2. Die praktischen Ergebnisse der Ansiedelungsgesetzgebung.

Im folgenden werden zunächst die Ergebnisse der Ansiedelungsgesetzgebung zur Darstellung gebracht werden, soweit sie nicht die Arbeiterkolonien betreffen, abgesehen von einzelnen Hinweisen. Diese werden in einem besonderen Abschnitt behandelt werden.

a) Das Ansiedelungsland.

Die Stärke der Nachfrage nach Pachtgütern mußte für die Regierung bei dem Erwerb des Ansiedlungslandes maßgebend sein. Als besonders landbedürftige Distrikte sind hierbei dieselben anzusehen wie 1892. In ihre Reihe trat auch noch Auckland ein, wohin aus verschiedenen Teilen der Kolonie eine starke Zuwanderung herrschte. Seit 1894 konnte auch Weideland gekauft werden, aber die Regierung mußte beim Ankauf alles Landes darauf sehen, daß den Ansiedlern gute Verkehrswege zum Absatz ihrer Produkte zur Verfügung standen. Ein Haupterfordernis war ferner, daß das Land preiswert gekauft wurde.

I. Fläche und Gliederung des Ansiedelungslandes.

Bis zum 31. März 1911[1]) hat die Regierung im ganzen 209 Güter große und kleine, mit einer Gesamtfläche von 1 252 495 Acker gekauft. Die Verteilung auf die einzelnen Distrikte zeigt folgende Tabelle[2]):

Distrikt	Zahl	Fläche	Kaufpreis £	Sonstige Ausgaben £
Auckland	28	279 198	455 675	85 886
Taranaki	4	4 609	79 363	6 103
Hawke's Bay . . .	26	193 415	1 205 674	88 835
Wellington	26	60 824	473 999	64 182
Nordinsel	84	538 036	2 214 811	245 006
Marlborough . . .	9	116 364	355 017	46 544
Nelson	2	24 347	29 975	2 851
Westland	2	5 125	8 343	2 915
Canterbury	73	307 755	1 775 867	81 420
Otago	32	203 936	969 288	89 110
Southland	7	56 922	213 387	20 000
Südinsel	125	714 459	3 351 772	242 840
Zusammen . .	209	1 252 495	5 566 588	487 836

Über das Fortschreiten der Landrückkäufe in den einzelnen Jahren gibt folgende Tabelle Auskunft[3]):

Jahr[4])	Zahl der Güter[5])	Fläche (Acker)[5])	Kaufpreis £[5])
1894	5	9 113	36 787
1895	3	6 483	25 290
1896	14	39 394	158 880
1897	14	60 766	299 489
1898	13	42 848	147 990
1899	7	88 062	501 772
1900	16	66 076	343 717
1901	6	46 159	182 623
1902	24	82 764	406 804
1903	15	70 972	558 135
1904	8	95 100	263 669
1905	7	104 141	424 999
1906	21	268 283	758 493
1907	7	8 513	138 993
1908	15	127 145	545 728
1909	5	72 049	339 630
1910	15	48 287	260 793
1911	14	16 340	158 796
zus.	209	1 252 495	5 556 588

Über die Größe der angekauften Güter vergleiche die beiden folgenden Tabellen:

Anmerkungen 1 bis 5 siehe S. 73.

Zahl der zurückgekauften Güter nach Größenklassen (bis zum 31. März 1911) nach C-1 und C-5, in den einzelnen Distrikten.

Distrikt	Unter 100 Acker	100 bis 320 Acker	320 bis 640 Acker	640 bis 1000 Acker	1000 bis 2000 Acker	2000 bis 5000 Acker	5000 bis 10000 Acker	Über 10000 Acker
Auckland . . .	9	1	2	—	1	6	4	4
Taranaki . . .	—	1	—	1	1	—	—	—
Hawke's Bay .	1	2	3	1	1	4	6	8
Wellington . .	8	2	3	1	4	3	4	1
Nord-Insel . .	18	6	8	3	7	13	14	13
Nelson	—	—	—	—	—	—	1	1
Marlborough .	—	1	1	—	—	2	2	3
Westland . . .	—	—	—	—	1	1	—	—
Canterbury . .	18	8	9	8	4	13	5	8
Otago	4	3	4	1	2	6	5	7
Southland. . .	—	—	—	—	—	3	2	2
Süd-Insel . . .	22	12	14	9	7	25	15	21
Zusammen.	40	18	22	12	14	38	29	34

Zahl der zurückgekauften Güter nach Größenklassen in Finanzjahren (bis zum 31. März 1911) nach C-1 und C-5.

Finanz-jahr	Unter 100 Acker	100 bis 320 Acker	320 bis 640 Acker	640 bis 1000 Acker	1000 bis 2000 Acker	2000 bis 5000 Acker	5000 bis 10000 Acker	Über 10000 Acker	Zu-sammen
1894	—	1	3	—	—	—	1	—	5
1895	—	—	2	—	—	—	1	—	3
1896	4	1	3	—	1	2	2	1	14
1897	2	1	2	—	—	6	2	1	14
1898	2	1	2	—	—	4	3	1	13
1899	2	—	—	1	1	1	—	2	7
1900	2	4	—	1	3	—	5	1	16
1901	1	—	1	—	1	1	—	2	6
1902	7	1	4	1	2	4	2	3	24
1903	1	1	2	—	3	4	2	2	15
1904	—	2	1	1	—	—	—	4	8
1905	—	—	—	—	—	3	—	4	7
1906	11	2	—	1	—	1	1	5	21
1907	2	1	—	1	1	2	—	—	7
1908	1	—	—	—	1	6	3	4	15
1909	—	—	—	—	—	1	1	3	5
1910	2	2	2	—	2	4	2	1	15
1911	3	1	—	6	1	3	—	—	14
zus.	40	18	22	12	16	42	25	34	209

Aus der letzten Tabelle geht hervor, daß der Rückkauf von Land sich in immer bedeutenderem Maße (abgesehen von 1910/11) auf Güter über 2000 Acker Größe ausgedehnt hat, eine Folge der Bestimmung, daß seit 1894 auch Weideland verpachtet werden durfte. In den oben angegebenen Zahlen ist alles unter den Ansiedelungsgesetzen erworbene Land, gekauftes wie getauschtes, Heimstätten und Arbeiterheimstätten usw., mit einbegriffen.

Aus den Tabellen geht hervor, daß das meiste Land in den als besonders landbedürftig bezeichneten Distrikten gekauft ist, daß sich also die Regierung bei dem Rückkauf im allgemeinen von der Nachfrage nach Land hat leiten lassen. Von dem Ansiedelungsland befanden sich 1911 in

Canterbury	24,5 %
Otago	16,2 %
Hawke's Bay	15,4 %
Auckland	22,2 %
Im ganzen	78,3 %,

d. h. rund $^4/_5$ der ganzen Fläche.

II. Form des Erwerbs.

Die Regel bildete der Kauf, eine Ausnahme war Erwerb durch Tausch. Eingetauscht wurden von der Krone 57 767 Acker in 25 Fällen gegen 97 438 Acker, die von der Krone dem Landbesitzer gegeben wurden. Fast alles eingetauschte Land befand sich in Marlborough, nämlich 52 008 Acker. Den finanziellen Ausgleich der Differenzen in der Fläche der einzelnen Güter zeigen folgende Zahlen:

Der Regierung wurden bezahlt	£ 6036
Die Regierung bezahlte den Eigentümern	£ 1035
Sie machte also einen Gewinn von	£ 5001

---

[1]) Die Änderung, die die Ansiedelungstätigkeit der Regierung durch das Ansiedlungsgesetz 1908 erfahren hat, kommt für den Erwerb von Land nicht in Betracht. Die Darstellung kann daher bis 1911 durchgeführt werden.

[2]) 1911 C-5.

[3]) Aus der Tabelle geht hervor, daß seit 1910 eine starke Abnahme im Ankauf von Ansiedelungsland eingetreten ist. Auf die Gründe hierfür wird am Ende des Abschnitts eingegangen werden. Sie liegen, wie hier gleich bemerkt sein mag, nicht in einer Änderung der Ansiedelungspolitik. Zahlen nach C-1 und C-5. Vgl. auch die Tabelle S. 141.

[4]) Hierunter wird das Finanzjahr verstanden, das am 31. März endigt. Also z. B. 1894 bedeutet Finanzjahr 1893/94 usw.

[5]) einschl. Arbeiterheimstätten.

III. Die Zweckbestimmung des gekauften Landes.

Weitaus das meiste Ansiedelungsland diente zur Begründung selbständiger landwirtschaftlicher Betriebe. Von den Ausnahmen interessieren außer den Arbeiterkolonien nur die Heimstätten, d. h. das Land, das zum Zweck der Begründung einer Heimstätte für hochliegendes Weideland angekauft wurde. Denn es kam auch vor, daß aus anderen gekauften Gütern, wenn ein Bedürfnis danach bestand, Heimstätten ausgeschnitten wurden. Der erstere Fall erlangte nur geringe Ausdehnung[1]):

Provinz	Zahl	Fläche	Kaufpreis £
Canterbury . .	7	576	1809
Otago	1	220	880
	8	796	2689

Zu Arbeiterkolonien wurden bis jetzt 32 Landstücke erworben mit einer Gesamtfläche von 2431 Acker für den Preis von £ 176331[2]). Zum Zweck der Errichtung landwirtschaftlich selbständiger Pachtgüter sind also erworben worden 169 Güter mit 1 249 268 Acker Fläche, d. h. fast alles Ansiedelungsland zu einem Preis von £ 5 390 257.

IV. Die Möglichkeit der Enteignung wurde im ganzen 13 mal angewendet:

Jahr	Distrikt	Fläche der einzelnen Güter Acker	Preis £
1897	Otago	4 241	34 600
1901	Hawke's Bay. .	26 350	141 618
1901	,, ,, . .	3 600	28 685
1901	,, ,, . .	8 822	48 521
1903	,, ,, . .	28 857	142 262
1904	Auckland . . .	42 739	127 516
1904	Wellington . .	2 350	34 000
1905	Hawke's Bay. .	13 470	95 370
1906	Marlborough . .	45 368	181 675
1908	Auckland . . .	4 623	18 592
1908	Hawke's Bay. .	10 773	113 949
1909	Wellington . .	5 178	39 155
1909	Canterbury . .	25 163	121 252
		211 534	1 127 205

[1]) Der Ankauf von Land, das zur Bewirtschaftung von hochliegendem benachbartem Weidelande nötig ist, ist statistisch nicht festzustellen, nur einige wenige Fälle werden gelegentlich in den Berichten des Landdepartements erwähnt; jedenfalls ist auch ihre Zahl und Fläche unbedeutend.

[2]) Hierüber das Nähere im Abschnitt über Arbeiterheimstätten; vgl. unten S. 112 ff.

Es wurden also 16,88 % der Gesamtfläche des Ansiedelungslandes enteignet; die Kosten hierfür betrugen 20,24 % der Gesamtkosten. 6 von den 13 enteigneten Gütern lagen in Hawke's Bay, 10 auf der Nordinsel überhaupt und nur 3 auf der Südinsel. Alle gehörten sie nach unserer oben S. 38 gegebenen Definition zu den Großgrundbesitzungen. Für Arbeiterheimstätten wurde keine Enteignung vorgenommen.

V. Die Qualität und Lage des Ansiedelungslandes.

Da eine Karte aus technischen Gründen — der Maßstab müßte zu groß genommen werden — nicht beigefügt werden kann, muß eine kurze Übersicht gegeben werden, wie sich das Ansiedelungsland innerhalb der einzelnen Landdistrikte verteilt[1]).

1. Auckland.

1. 253000 Acker, d. h. rund $^9/_{10}$ des Ansiedelungslandes in Auckland liegen am Südende der Thamesebene und den dahinterliegenden Abhängen des Plateaus von Rotorua, teils im Flußgebiet der Thames, teils des mittleren Waikato, des größten Flusses in Auckland.

2. 12480 Acker liegen am Kaipara-Harbour im Nordwesten des Distrikts, schon in die subtropische Zone hineinreichend, und

3. 12200 Acker liegen an der Mündung des Whakatane an der Bay of Plenty.

Gruppe 2 und 3 besteht fast nur aus Ackerboden. Das Land der ersten Gruppe, mit einer Durchschnittshöhe von 100 bis 300 m, stellenweise aber bis 700 m hoch, enthält in etwa gleicher Weise Weide- und Ackerboden.

Die Absatzwege sind bei allen drei Gruppen gut. Gruppe 2 und 3 liegen an der See und haben regelmäßige Dampferverbindungen. Durch das Land der 1. Gruppe führt die Eisenbahn Auckland-Rotorua mit verschiedenen Zweigbahnen und außerdem liegen einige der Güter in nächster Nähe des Waikato und der Thames, die beide bis zu dem Ansiedelungsland hin mit Dampfern befahren werden.

2. Hawke's Bay.

1. 163776 Acker, also der größte Teil des Ansiedelungslandes (rund $^6/_7$) befinden sich am Ober- und Mittellauf der Flüsse, die sich südlich von Napier in die Hawke Bay ergießen, einige auch ganz im Südwesten des Distrikts an der Grenze nach Wellington.

Es ist Hügelland bis 500 m hoch, und vorzugsweise als Weideland geeignet. Die Güter liegen teils unmittelbar an der Eisenbahn Napier—Wellington, teils sind sie durch neugebaute Straßen mit dieser verbunden.

2. 27886 Acker, d. h. etwa $^1/_7$ des Ansiedelungslandes im Distrikt überhaupt liegt um Gisborne, und zwar die Hälfte hiervon in der fruchtbaren kleinen Ebene an der Poverty Bay mit gutem Ackerland, die dicht besiedelt ist, der Rest etwa 30 Meilen nördlich Gisborne, auf halber Höhe der Höhenkette, die Hawke's Bay von Auckland trennt, in erster Linie Weideland enthaltend; Höhe bis 350 m. Die Güter an der Poverty Bay

---

[1]) Die hier folgenden Angaben sind den Berichten des Landdepartements (C-1) und dem New Zealand Official Yearbook 1911, S. 851 ff. entnommen, ferner nach den den Berichten C-1 beigegebenen Karten zusammengestellt, die vom Landminister herausgegeben werden.

liegen an oder in nächster Nähe der Eisenbahn Gisborne—Waikohu (nach Nordwesten), die Güter nördlich Gisborne in der Nähe der Tolago Bay mit regelmäßiger Dampferverbindung nach Gisborne und Napier.

3. 1785 Acker Kleinsiedelungsland in der Heretaunga-Ebene unmittelbar südlich Napier. Der Boden ist reiches Alluvialland.

3. Taranaki.

Von den zurückgekauften vier Gütern liegt eins im Norden, eins im Süden, zwei im Osten von Mount Egmont. Sie enthalten gemischt Acker- und Weideland, dasjenige im Süden von Mount Egmont gutes Ackerland. Alle liegen an oder in unmittelbarer Nähe der Eisenbahn.

4. Wellington.

1. An der Westküste 6392 Acker, d. h. rund $1/10$ des Ansiedelungslandes, in der Ebene westlich und nordwestlich von Palmerston mit erstklassigem Ackerland an der Bahnlinie Wellington—New-Plymouth und ihren Nebenbahnen.

2. 53856 Acker, d. h. die Masse des Ansiedelungslandes liegt an der Ostküste im Süden des Distriktes am Ober- und Mittellauf des Ruamahanga und seiner Nebenflüsse. Es enthält teils Alluvialland (Ebene), teils Hügelland bis 500 m Höhe. Die Güter liegen teils an der Eisenbahn Wellington—Napier, teils sind sie durch Straßen mit ihr verbunden.

5. Nelson.

1. 6235 Acker im Norden in der Wangapeka-Ebene und in der Nähe einer der wenigen Eisenbahnen des Distrikts.

2. 18112 Acker in Zentral-Nelson am Buller, dem wichtigsten Fluß Nelsons. Das Land ist vorwiegend Weideland, enthält daneben aber auch Alluvialland.

6. Marlborough.

1. 13000 Acker (rund $1/8$) am Wairau, zum größten Teil Ackerland, durch Straßen mit Blenheim verbunden.

2. 103864 Acker südlich von Blenheim an der Küste, fast alles um Clifford Bay, ein kleiner Teil in der Kaikoura-Ebene. Letzterer enthält nur Ackerland, die übrigen Acker- und Weideland gemischt. Clifford Bay ist mit Blenheim durch eine Eisenbahn verbunden. Die übrigen Güter liegen an der Straße Blenheim—Cheviot.

7. Westland.

1. 3230 Acker am Oberlauf des Arnold-River an der Eisenbahn nach Greymouth, Hügelland in halber Höhe zwischen den Alpen und der See, meist Weideland enthaltend.

2. 1895 Acker an einem Nebenfluß des Hokitika, 12 Meilen von der Stadt Hokitika, Hügelland von derselben Qualität wie 1.

8. Canterbury.

1. Nord-Canterbury: 86668 Acker, d. h. etwas weniger als $1/3$ des Ansiedelungslandes am Mittellauf des Waiau, Hurunui sowie ihrer Nebenflüsse. Das Land liegt zum Teil in den Flußtälern, zum Teil auf den diese umgebenden Höhen, und teilt sich demnach in Acker- und vor allem Weideland.

2. Mittel-Canterbury enthält 35750 Acker, d. h. rund $1/10$ des Ansiedelungslandes. Hiervon liegt etwas über die Hälfte (15258 Acker) auf der Banks Peninsula, der Rest

in der Ebene westlich davon, vor allem am Mittellauf des Rakaia (Grafschaft Selwyn). Das Land ist vorwiegend Ackerland, auf der Banks Peninsula zum Teil auch Weideland.

3. Süd-Canterbury, enthält 185337 Acker, d. h. rund $^3/_5$ des Ansiedelungslandes des Distrikts. Am Unter-, zum Teil auch Mittellauf aller Flüsse südlich des Rangitata-River in den Grafschaften Geraldine, Levels und Waimate. Das meiste Land liegt in den Grafschaften Levels und vor allem in Waimate, hier an den Ufern des Waitaki in der Canterbury-Ebene. Auch von dieser Gruppe ist das meiste Land Ackerland, nur einiges Weideland findet sich in Levels und am Waitaki.

Die Verkehrswege Canterburys sind die besten in Neuseeland. Fast alles Ansiedelungsland liegt an oder in unmittelbarer Nähe der die ganze Canterbury-Ebene durchziehenden Eisenbahn Dunedin—Culverdeen (Nord-Canterbury) und ihren Nebenbahnen. Außerdem besteht ein enges Wegenetz guter Straßen.

9. Otago.

1. Nord-Otago: 163341 Acker, d. h. $^4/_5$ des Ansiedelungslandes von Otago, liegen im Flußgebiet des Waitaki an dessen Mittel- und Unterlauf, ein geringer Teil außerdem noch am Unterlauf des Waihemo bei Palmerston (Grsch. Waihemo). Etwa $^1/_4$ dieser Fläche ist Ackerland, der Rest Acker- und Weideland gemischt. Die Verkehrsverhältnisse sind hier wie in Canterbury sehr gut: die Bahnlinie Dunedin—Christchurch und ihre Zweigbahnen berühren fast alle Ansiedelungsgüter. Außerdem besteht ein ausgezeichnetes Wegenetz. Es handelt sich eben hier wie in Mittel- und Süd-Canterbury um die am dichtesten bevölkerten Teile der Kolonie. Der Rest des Ansiedelungslandes liegt im allgemeinen in

2. Süd-Otago, nämlich 40226 Acker. Südlich Dunedin reicht das Hügelland, die Abdachung der Alpen bis an die See. In diesem Hügelland befinden sich die zurückgekauften Güter, und zwar im Flußgebiet des Clutha, der bis zu dem Ansiedelungsland von Dampfern befahren wird. Nur Pomahaka liegt etwas abseits, aber seit letzter Zeit ist eine Eisenbahn (Balclutha—Kelso) in seine Nähe geführt worden. In den Flußtälern ist das Land durchweg Ackerland auf den Hügeln ist es mit Weideland vermischt.

3. Zentral-Otago: Hier befinden sich 1269 Acker Ansiedelungsland dicht bei Alexandra am Clutha (Grsch. Vincent), Acker- und Weideland gemischt, an der Eisenbahn Dunedin—Hyde.

10. Southland.

1. Im Osten am Mataura River etwas mehr als die Hälfte des Pachtgutslandes (31293 Acker). Der Charakter des Landes ist derselbe wie in Süd-Otago. Das Land liegt an der Eisenbahn Invercargill—Wyndham—Mataura und ihren Nebenbahnen.

2. Der Rest des Ansiedelungslandes liegt im Westen von Southland, nämlich 25629 Acker am Unterlauf des Waiau und des Jacobsflusses (Grsch. Leace). Ein Gut (Ringway) 2253 Acker liegt an der Eisenbahn nach Riverton, die anderen sind durch Straßen mit der Bahn verbunden.

Rechnet man die Angaben der Berichte des Landdepartements (C-1) über die Qualität des Ansiedelungslandes zusammen, so kommt man zu dem Ergebnis, daß von dem Ansiedelungsland in der ganzen Kolonie rund 244000 Acker, d. h. etwa $^1/_5$ als erstklassiges Ackerland zu bezeichnen sind, wovon über 200000 Acker in Mittel- und Süd-Canterbury und Nord-Otago zu suchen sind[1]).

Der größte Teil des Ansiedelungslandes (rund $^4/_5$) ist also zweitklassiges (Acker- und Weideland gemischt) oder drittklassiges Land (Weideland). Wieviel Land als drittklassig angesehen werden muß, ergiebt sich daraus, welche Fläche später als small grazing runs vergeben wurde. Nur das Land, welches zum Ackerbau völlig ungeeignet schien und immer nur als Weideland in Betracht kommen konnte, wurde unter diesem System verpachtet: Die Fläche der small grazing runs betrug 1911 auf Ansiedelungsland 202 358 Acker, d. h. 17,7 % oder $^1/_5$ bis $^1/_6$ der ganzen unter den Ansiedelungsgesetzen verpachteten Fläche (1 142 196 Acker).

Es ergibt sich demnach als Resultat bezüglich der Qualität des Ansiedelungslandes, daß das

erstklassige Land rund $^1/_5$ der Gesemtfläche,
zweitklassige Land rund $^3/_5$ der Gesamtfläche,
drittklassige Land rund $^1/_5$ der Gesamtfläche beträgt.

Rund $^4/_5$ alles Ansiedelungslandes sind demnach zum Betriebe kleiner und mittlerer Farmen geeignet.

Aus der obigen Zusammenstellung geht ohne weiteres hervor, daß das Ansiedelungsland im allgemeinen mit guten Absatzwegen versehen ist. Wenn auch einige Güter in Marlborough, Southland, Westland, auch Nord-Canterbury und Süd-Otago auf Landstraßenverbindung angewiesen sind, so handelt es sich doch auch bei diesen nur um eine Entfernung von wenigen, höchstens 15, Meilen zur Eisenbahn — für ein junges Land, das noch kein vollkommen ausgebildetes Verkehrsnetz haben kann, ein sehr günstiges Resultat.

VI. Es erhebt sich die Frage, ob die Schwierigkeiten bezüglich der Preisbildung, die sich bei der Praxis des Ans.-Ges. 1892 herausgestellt hatten, unter dem Ans.-Ges. 1894 und den folgenden, die ja durch die

---

[1]) Diese Angabe ist ungenau, weil die Zahlen für Southland fehlen. Für die übrigen Distrikte berechnen sie sich nach den Berichten C-1 wie folgt:

Auckland . . .	74 707	Acker
Hawke's Bay .	14 200	,,
Taranaki . . .	1 500	,,
Wellington . .	6 400	,,
Marlborough .	10 000	,,
Canterbury . .	147 000	,,
Otago	40 000	,,
Zusammen	243 800	Acker oder rund 244 000 Acker.

Enteignungsklausel der Regierung die Möglichkeit gaben, einen Druck auf die Grundeigentümer beim Verkauf auszuüben, beseitigt wurden, und ob der Regierung die Beschaffung geeigneten, preiswerten Ansiedelungslandes weniger Schwierigkeiten machte, als unter dem Ansiedelungsgesetz 1892.

Das große Landangebot an den Staat, das die Folge des Ans.-Ges. 1892 gewesen war, setzte sich auch nach 1894 fort (vgl. die Tabelle auf S. 142). Bis 1911 wurden also 12,3 Millionen Acker Privateigentum der Regierung zum Verkauf angeboten. Was diese Zahl bedeutet, kann man daraus ermessen, daß heute (am 31. März 1911) die Fläche des Eigentumslandes — Städte mit einbegriffen — rund 19½ Millionen Acker beträgt[1]). Weit mehr als die Hälfte alles Eigentumslandes war der Regierung also zum Rückkauf angeboten worden, nämlich beinahe ²/₃ (62,8 %). Dieses außerordentlich hohe Angebot ist im wesentlichen auf dieselben Gründe wie vor 1894 zurückzuführen. Hinzu kommt aber noch der treibende Einfluß der Grundsteuer, die die großen Grundbesitzer zum Verkauf ihrer Güter veranlaßte, namentlich als die Einladung zum Verkauf durch Steigerung der graduierten und der Abwesenheitssteuer immer deutlicher ausgedrückt wurde. Bei der großen Bedeutung der Grundsteuer überhaupt für die Verminderung der neuseeländischen Latifundien, die — wie hier vorweg bemerkt sein mag — seit 1892 tatsächlich eingetreten ist, kann es keinem Zweifel unterliegen, daß sie die treibende Ursache jenes Angebots war. Es bestand ja auch, wie die recht hohen Durchschnittszahlen zeigen, zum großen Teil aus Latifundien. Über diesen Einfluß der Grundsteuergesetzgebung, der hier nur angedeutet werden kann, werden unten in dem Abschnitt über den Einfluß der Ansiedelungspolitik auf die Volkswirtschaft Neuseelands nähere Ausführungen gemacht werden (vgl. S. 123 ff.). Wie vor 1895 war auch später nur der kleinste Teil, 2,4 Millionen Acker, d. h. etwa ¹/₅ des Angebots[2]) vom Board der Regierung zum Ankauf empfohlen und ⁴/₅ als unbrauchbar zurückgewiesen worden. Dieses Resultat ist nicht viel besser als dasjenige vor 1895. Denn es muß berücksichtigt werden, daß seit dem Ans.-Ges. 1894, das den Ankauf von Weideland zuließ, eine größere Zahl der angebotenen Güter, insbesondere der Großgüter für die Zwecke der Ansiedelungspolitik als geeignet beurteilt werden mußte wie früher. Von diesem Fünftel des Angebots, das der Board

---

[1]) 19 575 281 Acker nach dem New Zealand Off. Yearb. 1911, S. 529.
[2]) Genau 2 430 419 Acker, d. h. 19,7 % des Angebotes von 12 301 855. Gekauft wurden 1 252 495 Acker, d. h. 10,18 %.

zum Ankauf empfohlen hatte, wurde aber wiederum nur etwa die Hälfte, nämlich 1¼ Millionen Acker, d. h. rund ¹/₁₀ des angebotenen von der Regierung angekauft. Wenn sie nur soviel Land erwarb, so war hieran nicht die Begrenztheit des Jahreskredits schuld. Denn mit dem Ankauf der 1¼ Millionen Acker Ansiedelungsland erschöpfte die Regierung die ihr zur Verfügung stehenden Geldmittel keineswegs. Die Ausgaben betrugen im ganzen rund 6 Millionen £, 5½ Millionen zum Ankauf von Land, und ½ Million für Vermessungen, Wegebau usw., während der Regierung 7,85 Millionen zur Verfügung gestanden hätten[1]). Sie blieb also um beinahe 2 Millionen hinter dem Kredit für Ansiedelungszwecke zurück, den sie nur zu ¾ verwendete.

Der Regierung wurde also wieder mehr brauchbares Land zum Kauf angeboten als sie tatsächlich kaufte. Wenn sie aber nicht so viel Land erwarb, als ihr möglich gewesen wäre, so lag die Ursache hierfür weder in finanziellen Schwierigkeiten[2]), noch in einer verminderten Nachfrage nach Ansiedelungsland; diese ist bis heute noch sehr stark, wie in jedem Bericht des Landdepartements erwähnt wird. Ebensowenig ist von einem Abflauen der Ansiedelungspolitik im allgemeinen die Rede. Es deutet also alles darauf hin, daß die Ursache für die nur teilweise Erschöpfung des Jahreskredits wie unter dem Ans.-Ges. 1892 in den Preisen des Ansiedelungslandes zu suchen ist.

Seit Anfang der 90er Jahre erlebt Neuseeland eine ununterbrochene Periode steigender Preise. Diese Entwicklung konnte natürlich nicht ohne Einfluß auf die Bodenpreise bleiben. So war also von vornherein mit hohen Bodenpreisen zu rechnen. Die Regierung war an die Preisschätzung durch den Board gebunden. Wo diese niederer war als der vom Grundeigentümer verlangte Preis, blieben ihr, wenn Verhandlungen kein Ergebnis hatten, zwei Möglichkeiten, zu enteignen oder zu verzichten. Sie tat in der Regel das letztere. Die Berichte über die Ans.-Ges. geben über diese Verhältnisse kein genaues Bild, da am Ende des Berichtsjahres immer noch über eine ganze Reihe von Angeboten nicht entschieden war. Aber was sie angeben, ist schon bezeichnend genug. Über die Verkaufsangebote der Grundbesitzer, die vom Board zur weiteren Prüfung der Regierung empfohlen waren, lautet die Entscheidung entweder „gekauft" oder „abgelehnt, da für Ansiedelungs-

---

[1]) Nämlich von 1892—94 50000 £ jährlich
,,   1894—97 250000 £   ,,
seit 1897 500000 £   ,,

[2]) Vgl. hierüber den Abschnitt über die finanziellen Ergebnisse der Ans.-Gesetzgebung, S. 115ff.

zwecke ungeeignet" oder „Eigentümer lehnte den ihm angebotenen Preis ab" oder „unentschieden". Die — wie gesagt — unvollständigen Berichte geben nun folgendes Bild: Bis 1909[1]) waren der Regierung 523 Güter zum Ankauf vom Board empfohlen worden. Von diesen wurden 180 angekauft. Von dem Rest — 343 Güter — wurden 48 wegen ihrer Bodenqualität oder wegen Abgelegenheit von der Regierung zurückgewiesen, 159 aber als Ansiedelungsland sonst geeignete Güter, d. h. beinahe die Hälfte der zurückgewiesenen, nur wegen zu hoher Preisforderungen der Eigentümer.

Die Möglichkeit liegt vor, daß der Board die der Regierung zum Kaufe angebotenen Güter zu niedrig einschätzte, und zu hohe Preisforderungen für Grundeigentümer gar nicht vorlagen. Ob, und in welchem Maße das geschehen ist, kann nach dem zur Verfügung stehenden Material nicht festgestellt werden. Gerade in einer Periode steigender Preise mußte der Board mit besonderer Vorsicht zu Werke gehen. Hierzu bemerkt der Land Purchase Inspector in seinem Berichte (C-5) 1910: „Es scheint eine übergroße Nachfrage nach Land zu bestehen; aber der Board sieht sich der schwierigen Aufgabe gegenüber, geeignete Grundstücke zu finden, zu einem Preis, der es erlaubt, diese in entsprechend großen Farmen zu verpachten bei einem Pachtzins, der den Ansiedlern die Möglichkeit einer rentablen Wirtschaft bietet. In keiner Zeit in der Geschichte der Kolonie waren die Einkünfte von den Schaf- und Rindviehherden so groß, wie im letzten Jahr. Wenn man darauf zählen könnte, daß diese Einkünfte so weiter bestehen, so wäre der Ankauf von Land leicht, aber man darf nicht vergessen, daß es Zeiten der Depression gegeben hat, wo unsere Ausfuhrartikel nicht viel mehr als die Hälfte, wie jetzt, einbrachten, und man kann nicht sagen, wann das wieder eintritt. Der Board sieht sich deshalb veranlaßt, große Vorsicht bei einer Empfehlung zum Ankauf walten zu lassen." In seinem Berichte (C-5) 1911 äußert er sich ganz kurz, daß die Preise zwar nicht mehr so hoch wären als 1910; im Norden seien sie aber noch äußerst hoch (excessive). Der Board könne aber kein großes Gut zum Ankauf empfehlen, da die Preise doch noch allgemein zu hoch wären, um Ansiedler zu einem angemessenen Zins auf das Land zu bringen.

Die Hausse der Jahre 1910 und 1911 ist also die Ursache dafür, daß seit 1910 so wenig Ansiedelungsland von der Regierung angekauft wurde. Daß in solchen Haussezeiten ohne weiteres keine große Geneigt-

---

[1]) Seit 1909 werden keine ins einzelne gehenden Berichte mehr über das zum Ankauf empfohlene Land ausgegeben.

heit bei den Grundeigentümern bestand, ihr Land zu einem mäßigen Preise zu verkaufen, versteht sich von selbst. Nun erlebte aber Neuseeland eigentlich seit dem Anfang der 90er Jahre sozusagen eine konstante Hausseperiode, und so können die Schwierigkeiten, von denen die beiden erwähnten Berichte sprechen, auf die Zeit vor 1910 im allgemeinen übertragen werden. Dafür, daß die hohen Preisforderungen sich aber nicht nur durch das allgemeine Steigen der Preise erklären lassen, giebt es mehrere Anhaltspunkte. Aus den nur spärlichen Angaben der Berichte des Land Purchase Inspector (C-5) läßt sich kein genaues Bild über das gegenseitige Verhältnis des von den Eigentümern geforderten Kaufpreises und der Einschätzung des Board gewinnen. Nur gelegentlich werden bei einzelnen Gütern Angaben hierüber gemacht, und dies nur bis 1902. Aus diesen Angaben aber geht hervor, daß die Unterschiede zwischen der Einschätzung des Board und der Forderung des Eigentümers doch im allgemeinen recht bedeutend waren[1]); öfters kam es vor, daß die Forderung des Eigentümers ein Mehrfaches der Einschätzung des Board darstellte. Solche großen Unterschiede können aber nicht mehr auf die Preissteigerung im allgemeinen zurückgeführt werden. Besonders bemerkbar machten sich die übertriebenen Forderungen der Grundbesitzer in Hawke's Bay. Hier fanden auch die meisten Enteignungen statt. Zeitungsberichte um 1900[2]) weisen wiederholt darauf hin, daß die Unterschiede zwischen den von den Eigentümern geforderten und den vom Board abgeschätzten Preisen zu hoch wären, um sie anständigen Mitteln (fair means) zuschreiben zu können. Die Regierung hatte also mit den Spekulationsforderungen der Grundeigentümer zu kämpfen, und diesem Umstande ist es zuzuschreiben, daß der Jahreskredit nicht voll ausgenutzt wurde. Auch unter den Ansiedlungsgesetzen seit 1894 wurde die Ansiedlungspolitik, zwar nicht in dem Maße wie unter dem Ans.-Ges. 1892, durch diese gehemmt.

Es erhebt sich die Frage, ob nicht die Enteignungsklausel diesen Widerstand der Grundbesitzer gegen die Ansiedelungspolitik zu brechen geeignet gewesen wäre. Wie aus zahlreichen Zeitungsartikeln[3]) hervor-

---

[1]) Vgl. die Tabelle S. 145, wo aus dem Bericht 1900 C-5 einige Beispiele entnommen sind. Daß die Kaufpreisforderung des Eigentümers sich mit dem Angebot des Board deckte, kam kaum vor.

[2]) Diese Zeitungsartikel habe ich Zeitungsausschnitten neuseel. Zeitungen, die mir von dem Hon. W. P. Reeves zur Verfügung gestellt wurden, entnommen. Diese waren aber fast ausnahmslos ohne Datum. Aus gelegentlichen Hinweisen auf Zeitereignisse usw. läßt sich feststellen, daß es sich hierbei um Berichte etwa aus den Jahren 1900—1906 handelte.

[3]) Vgl. Anm. 2.

geht, wurde die Möglichkeit der Enteignung von den Grundbesitzern nicht sehr gefürchtet. Die Regierung hatte immerhin mit einer starken Unterströmung zu rechnen, die der Enteignung feindlich gegenüberstand. Sie zögerte demgemäß mit der Anwendung der Enteignungsklausel, wie dies bei einer so extremen Maßregel ja auch natürlich ist. Sehr bezeichnend in dieser Richtung ist, daß die Enteigneten in der Regel nicht selbst Eigentümer waren, sondern Vermögensverwalter; in manchen Fällen handelte es sich auch um Landgesellschaften. Nur vier der 13 enteigneten Güter gehörten physischen Personen, und unter diesen 4 waren 3 in Hawke's Bay. Vor 1900 war das Zögern der Regierung, Enteignungen vorzunehmen, worauf die Landberichte gelegentlich hinweisen, auch durch die Schwerfälligkeit des Verfahrens veranlaßt, das bei jeder Enteignung die Mitwirkung des Oberhauses vorschrieb. Als 1900 das Verfahren vereinfacht wurde, wendete die Regierung die Enteignung öfters an, vor allem in Hawke's Bay, wo der Widerstand der Grundeigentümer am stärksten war. Anders konnte sie dort offenbar kaum zu geeignetem Lande kommen: 6 von 26 Gütern, beinahe die Hälfte der Fläche — 91 873 Acker von 193 415 — sind in Hawke's Bay enteignet. Der Widerstand, der zu enteignenden Grundbesitzer scheint immerhin noch recht energisch gewesen zu sein, was Verzögerungen des Verfahrens vor dem Schiedsgerichte mit sich brachte. Der Finanzbericht 1907 des Premierministers Sir Joseph Ward[1]) bemerkt mit Beziehung hierauf, daß es häufig nötig gewesen sei, eine Entscheidung des Schiedsgerichtes herbeizuführen, um zu der Festsetzung des zu zahlenden Preises zu gelangen. Deshalb schlägt er vor, das Schiedsgericht solle von jetzt ab an die amtliche Feststellung auf Grund des Landeinschätzungsgesetzes (Valuation of Land Act 1896) gebunden sein. Diese Neuerung führte das Ansiedlungsgesetz 1908 auch ein (Art. 31). Zu der amtlichen Einschätzung wurde aber hiernach noch ein Zuschlag gewährt, und zwar bis zu einem Wert von £ 50 000 10 %, für einen Wert über £ 50 000 noch 5 % des unverbesserten Bodenwertes.

Eine allgemeine Wirkung der Enteignungsklausel dahin, daß die Grundbesitzer zum Verkauf gefügiger gemacht wurden, ist nicht festzustellen. Wenn auch in neuester Zeit in Hawke's Bay und teilweise auch sonst der Durchschnittspreis für Ansiedlungsland eine sinkende Tendenz aufweist, so ist dies darauf zurückzuführen, daß die Regierung als Ansiedlungsland in immer steigendem Maße Weideland, d. h. zweit-

---

[1]) Sir Joseph Ward, Premierminister seit 1906, wo er dem im selben Jahre verstorbenen Seddon nachfolgte; auch er gehört der progressiven Partei an.

klassiges Land ankauft, das billiger ist als das Ackerland in den Ebenen. Wo sie, wie z. B. in Canterbury, seit 1910 wieder zum vorwiegenden Ankauf von Ackerland übergeht, schnellt auch sofort der Durchschnittspreis in die Höhe (vgl. Tabelle S. 142).

b) Die Besiedelung des zurückgekauften Landes.

I. Nach dem Erwerb durch den Staat wird das Ansiedelungsland auf Staatskosten zunächst vermessen und, wenn notwendig, werden Wege, Brücken usw. gebaut[1]). Dann wird es in einzelne Pachtstücke (allotments) eingeteilt, wobei in Neuseeland nicht das amerikanische System der quadratischen Vermessung angewendet wird[2]), wenn auch gesetzlich bestimmt ist, daß alle Pachtstücke möglichst rechteckige Form haben sollen (Art. 109 Land-Ges. 1892). Das Maximum, nach dem Ans.-Ges. 1892, eine halbe Quadratmeile (320 Acker), wurde 1894 auf das Doppelte, 640 Acker, erhöht. Seit 1897 (Verordnung vom 4. November 1897) beträgt das Maximum sogar 1000 Acker. Diese Steigerung ist die Folge davon, daß es sich bei dem Ansiedlungsland in immer höherem Maß um zweitklassiges Land (Acker und Weideland gemischt) handelte, was vor allem auf die hohen Bodenpreise zurückzuführen ist.

Abgesehen von den Arbeiterheimstätten hatte weder ein Gesetz noch eine Verordnung vorgeschrieben, ob die Pachtgüter in kleinen Kolonien oder als Einzelsiedelung angelegt werden sollten. Die Verhältnisse des einzelnen Falles waren also maßgebend für die Art der Siedelung. Die Regel wurde die Einzelsiedelung. Die Anlage kleiner Kolonien kam im allgemeinen nur bei ganz kleinen Stellen, die von Arbeitern besiedelt wurden, oder auf Latifundien vor. Der einzige Fall einer Kolonie auf einem Latifundium ist Matamata (42738 Acker) in Auckland, wo ein township angelegt wurde, weil diese Siedelung abseits vom Verkehr lag, und Handwerker, sowie Arbeiter für den Bedarf der Kolonisten angesiedelt werden mußten[3]).

II. Die Vergebung der einzelnen Pachtgüter bei rural land.

Sie erfolgt an den Bewerber nicht ohne weiteres, sondern dessen bona-fide-Charakter wird vorher einer eingehenden Prüfung unterworfen[4]).

---

[1]) Nur Verkehrswege werden angelegt, nicht etwa sonstige Meliorationen vorgenommen.
[2]) Sering, Die landwirtschaftliche Konkurrenz Nord-Amerikas 1887, S. 107.
[3]) 1905 C-1, S. 35.
[4]) Jeder Bewerber kann natürlich wie 1892 nur ein einziges Pachtgut erhalten.

A. Die Person des Bewerbers. — Zunächst folgte man hierbei den allgemein für die Bewerbung um Kronland geltenden Grundsätzen. Nach den Verordnungen vom 10. November 1893 und 10. Januar 1895 war die Bewerbung an ein Mindestalter von 17 Jahren geknüpft (Art. 92 Land-Ges. 1892). Der Bewerber mußte versichern,

a) daß er selbst der Bewerber sei,

b) daß er nur für seinen eigenen Gebrauch und Vorteil, nicht aber direkt oder indirekt zugunsten anderer die Bewerbung vornähme (Art. 95 Land-Ges. 1892),

c) daß er nicht Eigentümer oder Besitzer von irgendwelchem Land in der Kolonie sei, dessen Fläche mit dem Pachtgut, um das er sich bewirbt, zusammen mehr als 320 Acker betrage. Dies Maß wurde später auf 640 und 1000 Acker erhöht.

Diese Versicherung erfolgt durch eine sogenannte „Erklärung" (declaration). Wissentlich falsche Angaben in dieser Erklärung ziehen nicht nur die Zurückweisung der Bewerbung, event. den Verlust des Pachtgutes und der etwa bezahlten Pachtsumme nach sich, sondern auch Geld- und Gefängnisstrafe (Art. 98 Land-Ges. 1892).

Diese Bestimmungen haben naturgemäß den Zweck, das dummyism und die Bildung von Großgrundbesitz zu verhindern. Sie zeigten aber in der Praxis erhebliche Mängel. Es hatte sich ein „Familiendummyism" ausgebildet. Der Kronlandskommissar von Otago berichtet 1896 hierüber[1]): „Für 134 Pachtstücke, die in diesem Jahre vergeben wurden, gingen 1934 Bewerbungen ein.... Diese hohe Zahl rührt daher, daß die Bewerbungen oft von ganzen Familien für eine Anzahl von Pachtstücken — in vielen Fällen für dasselbe Stück — eingehen, wobei diese die Absicht verfolgen, sich einen Erfolg bei der Vergebung zu sichern. Jedes Familienmitglied von genügendem Alter giebt die erforderliche Erklärung ab, obwohl es oft offenkundig genug ist, daß die Absicht besteht, nicht mehr wie ein Stück zu pachten.... Daß eine so große Zahl von Bewerbungen stattfindet, wird dadurch erleichtert, daß bei der Bewerbung kein Geld hinterlegt werden muß. Das einfache Ausfüllen eines Formulars gibt dem Bewerber die Möglichkeit eines Erfolges bei der Vergebung. Ferner kann jeder Bewerber sich um eine beliebige Anzahl von Pachtgütern bewerben, soweit es die Flächengrenze erlaubt, trotzdem er nur ein Pachtgut erhalten kann, welches auch seine Größe sei.... Unter dem jetzigen System fallen die Pachtgüter oft in die Hand der am wenigsten wünschenswerten Kolonisten."

---
[1]) 1896 C-1, S. 28; ebenso 1896 C-5.

Der Land for Settlements Amendment Act 1896 unternahm es, die zutage getretenen Mängel in dem Sinne dieses Berichtes zu verbessern durch folgende Bestimmungen:

1. Das Mindestalter für die Bewerber wurde von 17 auf 21 Jahre heraufgesetzt (Art. 2).

2. Melden sich mehrere Bewerber für ein Pachtgut, so sollen diejenigen, die kein Land besitzen (... who are landless)[1] den Vorzug vor denen haben, die schon Land besitzen. Der Board entscheidet endgültig wer landlos ist, und seiner Interpretation des Gesetzes sind weite Schranken gezogen. Als Auslegungsregel dafür, was unter „landless" zu verstehen sei, gibt der Art. 2 des Gesetzes an: Der Bewerber ist nicht landlos a) bei town land, wenn er nach der Meinung des Board genügend Land für ein Heim (home) für sich und seine Familie hat, b) bei rural land, wenn er eine solche Fläche besitzt, die nach der Überzeugung des Board für ihn und seine Familie ausreicht; c) wenn ein Ehegatte nicht landlos ist, ist es der andere auch nicht.

3. Bei der Bewerbung muß jeder Bewerber eine halbe Jahresrente für das betreffende Landstück hinterlegen; wenn er sich um mehrere Landstücke bewirbt, für jedes derselben. Dieses Depositum wird gegebenenfalls später auf den Pachtzins verrechnet, sonst zurückbezahlt.

4. Jeder Bewerber muß ferner nachweisen, daß der Wert alles seines Eigentums eine gewisse Grenze nicht überschreite. Welche Grenze als erlaubt anzusehen ist, setzte eine Verordnung vom 4. November 1897 fest: Danach mußte der Bewerber dem Board nachweisen, daß sein Kapital

bei einem Pachtgut unter 100 Acker Fläche das Dreifache,
„   „   „ von 100—500 „   „   „ Doppelte,
„   „   „ über 500 „   „   „ Eineinhalbfache

des Wertes des Pachtgutes nicht übersteige.

Diesbezügliche Erklärungen werden dann in die Deklaration aufgenommen, ferner auch Angaben über seine landwirtschaftlichen Tätigkeiten und Erfahrungen. Wissentlich falsche Angaben auch über irgendeinen dieser letzteren Punkte machen den Pachtgutsvertrag nichtig (vgl. ein Muster eines solchen Fragebogens und einer Deklaration, wie sie heute noch in Geltung sind, S. 145/146).

---

[1] Diese Bestimmung erschien H. D. Lloyd als der wesentliche Inhalt der Ansiedelungspolitik der progressiven Regierung Neuseelands, so daß er in seinem Werke Newest England dem Kapitel über die Ansiedelungspolitik die Überschrift gibt: Landless people have the preference; Lloyd, a. a. O., S. 157ff.

Der Board hat die Auswahl der Ansiedler vollkommen in der Hand, indem er solche Personen, die ihm als Ansiedler nach dem Inhalt der Deklaration ungeeignet erscheinen, von der Bewerbung um das Pachtgut ausschließen kann. Art. 49 Ziff. 15 des Ans.-Ges. 1900 bestimmt: „Wenn ein Bewerber dem Landboard in irgendeinem wesentlichen Punkte keine zufriedenstellende Erklärung gibt, kann der Landboard durch Beschluß seine Bewerbung zurückweisen, und in diesem Falle ist die Zurückweisung endgültig." Was als ein wesentlicher Punkt anzusehen ist, sagt das Gesetz nicht, sondern überläßt dies ebenfalls dem Ermessen des Board.

B. Sind die Erklärungen als befriedigend befunden, so kann, wenn sich nur ein Bewerber für das Pachtgut meldet, der Pachtvertrag ohne weiteres abgeschlossen werden. Finden sich aber, wie es die Regel ist, mehrere gleich geeignete Bewerber, so findet eine Verlosung (ballot) statt. Der Abschluß des Pachtvertrages erfolgt durch Zuteilung des Pachtgutes an denjenigen, der bei der Verlosung siegreich hervorgegangen ist. Das Pachtgut wird lastenfrei begründet[1]).

C. Der Inhalt des Vertrages legt dem Pächter eine Reihe von Verpflichtungen auf, deren Nichtbefolgung im allgemeinen zur Folge hat, daß das Pachtgut, einschließlich der schon bezahlten Pachtgelder, an den Staat zurückfällt (Art. 100 Landgesetz 1892).

1. Die Zahlung der Pacht (5 % des capital value, d. h. des Bodenwertes, der gleich ist dem von der Regierung gezahlten Preis, zusätzlich der Kosten für Vermessung, Wegeanlage usw.[2]), die aber, zum Unterschiede von der Erbpacht des Landesgesetzes 1892, pränumerando zu erfolgen hat. Ebenso ist es bei der renewable lease.

2. Die Wohnpflicht, nach dem Landgesetz 1892. Sie beginnt in Busch- oder Sumpfland innerhalb 4 Jahren, in offenem oder teilweise offenem Lande innerhalb eines Jahres nach Zuteilung des Pachtgutes. Zum Unterschied von dem übrigen Kronland ist auf den Pachtgütern die Wohnpflicht nicht zeitlich begrenzt, sondern dauernd.

3. Die Verbesserungen sind niederer bemessen als bei den entsprechenden Pachtformen auf dem übrigen Kronland. Sie betragen für

1 Jahr nach Abschluß des Pachtvertrages						$2\frac{1}{2}$ % des capital value,
2 Jahre	,,	,,	,,	,,	weitere $2\frac{1}{2}$ %	,, ,, ,,
6 ,,	,,	,,	,,	,,	,, $2\frac{1}{2}$ %	,, ,, ,,

---

[1]) Diese Bestimmung ist nicht ausdrücklich im Gesetz enthalten; sie ergiebt sich aber daraus, daß außer dem Pachtzins den Kolonisten keine Zahlungen treffen können.

[2]) Art. 2 Ans.-Ges. 1894; ebenso die folgenden.

Hierzu treten noch substantial improvements wie bei dem übrigen Kronland (lease in perpetuity und renewable lease).

4. Hiermit ist aber der Pachtvertrag nicht erschöpft, es werden vielmehr noch feldpolizeiliche Bestimmungen, und solche über die wirtschaftliche Benutzung des Pachtstückes getroffen (Verordn. vom 10. Januar 1895). Der Pächter muß zunächst innerhalb 2 Jahren sein Gut einzäunen und diese Einzäunung in gutem Zustande erhalten. Diese Maßregel ist hauptsächlich zum Schutze gegen die, namentlich auf der Südinsel herrschende, Kaninchenplage[1]) erlassen worden. Auch die Art und Weise der Einzäunung wurde mit Rücksicht hierauf genau bestimmt. Über die landwirtschaftlichen Vorschriften der Verordnung, die eine geregelte Feldgraswirtschaft bezwecken, wird bei der Darstellung der landwirtschaftlichen Erfolge der Pachtgüter das Nähere gesagt werden. Außerdem macht die Verordnung noch genaue Bestimmungen über die Ausrottung schädlicher Pflanzen, des Unkrauts, über die Offenhaltung von Wasserläufen, Drainieren usw. Im Falle der Pächter diese letztgenannten Vorschriften des Pachtvertrages nicht erfüllt, tritt nicht sofort der Verfall des Pachtgutes ein, sondern der Kronlandskommissar kann die Pachtbedingungen auf Kosten des Pächters ausführen lassen, wenn sich letzterer hierzu weigert.

III. Small grazing runs. — Die Bewerbung um diese ist entsprechend derjenigen um rural land geregelt mit folgenden Abweichungen: Die Bewerbung ist ausgeschlossen, wenn der Bewerber zusammen mit dem Lande, das er schon besitzt, die Fläche von 5000 Acker überschreiten würde. Die Zuteilung des run erfolgt wie bei rural land. Die Bedingungen des Pachtvertrages, der für 21 Jahre mit dem Recht der Wiedererneuerung abgeschlossen wird, sind entsprechend verändert bis auf die Pachtsumme, die ebenfalls 5% des capital value beträgt. Die Wohnpflicht beginnt in Busch- oder Sumpfland innerhalb 3, sonst innerhalb 1 Jahres, nach Zuteilung und dauert bis zum Erlöschen der Pacht. Die Verbesserungen müssen betragen:

innerhalb des 1. Jahres den Wert einer Jahresrente,
innerhalb der 2 ersten Jahre den Wert einer weiteren Jahresrente,
innerhalb der 6 ersten Jahre den Wert von weiteren 2 Jahresrenten.

Der Wert der substantial improvements muß bei erstklassigem Weideland 10 Shilling, bei zweitklassigem 5 Shilling pro Acker innerhalb

---

[1]) Die Einzäunungen sind nach den Bestimmungen des 1898 erlassenen Rabbit-Proof-Wire-netting Fences Act auszuführen. Immigrants' Guide, S. 133. (Vgl. ferner die Rabbit nuisance Acts von 1882, 1886, 1890, 1891, 1901).

der ersten 6 Pachtjahre betragen. Während der ganzen Dauer muß der Pächter mindestens zwei Drittel des run als dauernde Weide erhalten. (Ein Muster für die Deklaration vgl. S. 147.)

Das Ergebnis der Ansiedelungspolitik bezüglich der Besiedelung der Pachtgüter am 31. März 1911 drückt sich in folgenden Zahlen aus[1]:

Zahl der Pachtgüter	4 443
Zahl der small grazing runs	115
Zahl der auf Ansiedelungsland errichteten Häuser	4 027
Zahl der auf Ansiedelungsland lebenden Personen	17 503
Wert der Verbesserungen auf Ansiedelungsland	£ 1 943 867

Die Durchschnittsgröße eines Pachtgutes beträgt 211 Acker. Eine Statistik über die Größenklassen der Pachtgüter giebt es nicht, nur einige gelegentliche Bemerkungen hierüber. Als einzige Möglichkeit, eine wenn auch nur ungefähre Vorstellung von den Größenklassen der Pachtgüter zu bekommen, bleibt die Feststellung der Durchschnittsgröße der einzelnen Stellen, in die die zurückgekauften Güter geteilt wurden. Die folgende Tabelle ist in der Weise zusammengestellt worden, daß aus der tatsächlich verpachteten Fläche jedes einzelnen der zurückgekauften Güter und der Zahl der aus dieser Fläche ausgeschnittenen Pachtgüter die Durchschnittsgröße für die Stellen auf jedem einzelnen zurückgekauften Gute ermittelt wurde. Bei der Zusammenstellung der Tabelle sind die Arbeiterkolonien und die Heimstätten ausgelassen worden, so daß sie sich nur auf die landwirtschaftlichen Pachtgüter und die Weidepachten bezieht. Die Zahlen sind diejenigen für das Jahr 1903, da seither genaue Angaben über die einzelnen Pachtgüter nicht mehr gemacht werden.

(Tabelle siehe S. 90.)

Die Tabelle gibt natürlich nur ein durchaus unvollkommenes Bild aus folgenden Gründen: Einmal sind in den angegebenen Zahlen die Weidepachten enthalten[2]. Ferner aber wurden die zurückgekauften Güter nicht immer in gleichmäßig großen Stellen verteilt, vielmehr kam

---

[1] 1911 C-1, S. 72.
[2] Bei welchen Gütern solche Weidepachten enthalten sind kann für den einzelnen Fall nicht festgestellt werden. Wo die Durchschnittsgröße über 1000 Acker ist, herrscht die Weidepacht vor, da ja 1000 Acker das Maximum für ein Pachtgut unter Erbpacht oder renewable lease ist.

Durchschnittsgröße der Pachtgüter.

I. Zahl der Pachtgüter von den einzelnen Größenklassen (nach C-1 1908).

Distrikt	Unter 50 Acker	50 bis 100 Acker	100 bis 320 Acker	320 bis 640 Acker	640 bis 1000 Acker	Über 1000 Acker	Im ganzen
Auckland	—	93	340	8	93	—	534
Taranaki	8	—	28	—	—	—	36
Hawke's Bay . .	123	—	228	169	33	—	553
Wellington . . .	74	68	73	58	10	—	283
Nord-Insel . . .	205	161	669	235	136	—	1406
Nelson	—	—	—	14	—	—	14
Marlborough . .	11	—	230	142	4	8	395
Westland	—	—	28	—	—	—	28
Canterbury . . .	63	48	689	84	44	19	947
Otago	79	159	298	111	62	—	709
Southland. . . .	—	—	196	45	6	—	247
Süd-Insel	153	207	1441	396	116	27	2340
Im ganzen .	358	368	2110	631	252	27	3746
% der Summe .	9,6	9,9	56,3	16,8	6,7	0,7	100

II. Fläche entsprechend Tabelle I.

Distrikt	Unter 50 Acker	50 bis 100 Acker	100 bis 320 Acker	320 bis 640 Acker	640 bis 1000 Acker	Über 1000 Acker	Im ganzen
Auckland	—	7 160	75 914	3 996	69 343	—	156 413
Taranaki	33	—	4 033	—	—	—	4 066
Hawke's Bay . .	3 120	—	48 475	83 656	29 918	—	159 999
Wellington . . .	2 051	4 423	13 359	27 391	7 027	—	54 251
Nord-Insel . . .	5 204	11 583	141 781	115 043	106 288	—	374 729
Nelson	—	—	6 046	—	—	—	6 046
Marlborough . .	246	—	44 417	50 878	3 656	11 144	110 241
Westland	—	—	4 998	—	—	—	4 998
Canterbury . . .	2 150	3 351	150 743	37 286	32 426	30 036	256 192
Otago	1 151	9 321	48 687	64 783	45 961	—	169 963
Southland. . . .	—	—	31 219	15 514	5 954	—	52 687
Süd-Insel	3 547	12 672	286 110	178 461	87 997	41 180	600 127
Im ganzen .	8 751	24 255	427 891	293 504	194 285	41 180	947 856
% der Summe .	0,8	2,4	43,8	30,0	19,0	4,0	100

es manchmal — allerdings selten — vor, daß neben größeren Pachtgütern auch ganz kleine auf demselben Gute abgeteilt wurden. Auch hier können einzelne Fälle nach den Berichten des Landdepartements nicht festgestellt werden. Nur so viel geht aus ihnen hervor, daß solche Fälle die Ausnahme bilden. Unter diesen beiden wesentlichen Einschränkungen allein ist die Tabelle zu benutzen. Wenn sie also keineswegs Anspruch auf Genauigkeit erheben kann, so gibt sie doch insofern ein Bild der Größenverhältnisse der Pachtgüter, als sie zeigt, daß weitaus der größte Teil von diesen in landwirtschaftliche Mittelbetriebe (100 bis 1000 Acker) zerschnitten war (nach unserer Durchschnittsberechnung 92,88 %), der Rest in Kleinbetriebe und small grazing runs etwa zu gleichen Teilen.

Schwierigkeiten, Ansiedler zu finden, hatte die Regierung, von wenigen Ausnahmen abgesehen, wo die Stellen zu klein waren, so gut wie keine. Die Regel war, daß die Zahl der Bewerber diejenigen der zu vergebenden Pachtgüter um ein Mehrfaches übertraf, und daß diese gleich bei der ersten Verlosung verpachtet wurden. Auf Familiendummyism war diese Erscheinung seit 1896 nicht mehr zurückzuführen. Die Bestimmungen hiergegen haben sich offenbar als wirksam erwiesen, wenigstens wird seither von Familien-dummyism in den Berichten nichts mehr erwähnt. Ausnahmen von dieser starken Nachfrage nach Pachtgutsland fanden sich vor allem da, wo die Wegeverbindung mangelhaft war, so z. B. im Osten von Wellington, in Westland und im Westen von Southland. Am deutlichsten war dies der Fall auf dem schon erwähnten Pomahaka-Estate in Otago[1]); hier kam zu dem Straßenmangel noch die schlechte Qualität des Landes hinzu, und das Resultat war hier — wie bereits erwähnt — auch das schlechteste unter allen Pachtgütern. Erst in letzter Zeit ist auf Pomahaka der Wegemangel beseitigt worden mit dem Erfolge, daß 1908 von den 7462 Ackern nur noch 192 nicht verpachtet waren[2]).

1911 waren von der gesamten Fläche Ansiedelungsland[3]) 110 299, d. h. 8,8 % noch nicht verpachtet. Von dieser Fläche kam das meiste, nämlich 96 000 Acker auf den 1906 eröffneten Selwyn-Estate in Auckland, das größte der zurückgekauften Güter[4]), bei dem gerade jenes Hindernis des Wegemangels noch nicht beseitigt ist. Allerdings muß zugegeben werden, daß die Zahl der Bewerber um Ansiedelungsland im allgemeinen die Zahl der Pachtgüter, die vergeben werden sollten, in den letzten Jahren nicht mehr so sehr übertraf wie vor 2 Jahrzehnten. Aber dies ist natürlich, wenn man bedenkt, daß Tausende von Kolonisten seither auf Ansiedlungsland und den neuerschlossenen Siedelungsgebieten in

---

[1]) Vgl. oben S. 60.
[2]) 1908 C-1. S. 73.
[3]) 1 252 495 Acker.
[4]) 159 302 Acker.

Auckland und in Nelson (Midland Railway Block) untergebracht worden sind.

Über die Herkunft der Ansiedler ist Genaues nicht festzustellen, nur so viel geht aus den Berichten des Landdepartements hervor, daß sie wohl in der Regel aus der Land- oder Weidewirtschaft stammen. Außer bei den Arbeiterkolonien werden Pächter, die aus anderen Bevölkerungsklassen stammen, nur bei den kleinen Gütern erwähnt. Hierbei handelt es sich um Arbeiter der verschiedensten Berufe, durchaus nicht immer Landarbeiter. Die Berichte erwähnen in Canterbury auf den Kleingütern in der Ebene Eisenbahnarbeiter, Landarbeiter, Arbeiter aus den benachbarten Gefrierwerken; in Otago werden dieselben Berufe erwähnt; ein Gut in der Grafschaft Vincent wurde ausschließlich von den benachbarten Minenarbeitern besetzt. In Wellington werden außer den schon genannten Arbeiterkategorien Zimmerleute, Schuhmacher, Maler, Handlungsreisende und ein Mechaniker erwähnt. Es handelt sich hierbei eben um Kleingüter in der Nähe von Städten. In Hawke's Bay sind es Arbeiter von den umliegenden Schaffarmen und in Auckland hier und da Landarbeiter, die auf benachbarten Pachtgütern beschäftigt sind. Rechnet man für das Jahr 1908 die Zahl der auf den Pachtgütern unter 50 Acker Größe wohnenden Ansiedler, wo Ansiedler vorzugsweise lebten, zusammen, so ergeben sich 358 kleine Stellen gegenüber 3746 Pachtgütern überhaupt (Arbeiterkolonien ausgenommen), mit einer Bevölkerung von 1218 Personen gegenüber 13 563 auf landwirtschaftlichen Pachtgütern überhaupt.

Die meisten Pachtgutsbesitzer stammen aus der Landwirtschaft, und zwar offenbar aus dem landwirtschaftlichen Unternehmerstand; denn Farmer und Farmersöhne, auch Privatpächter werden immer wieder als Pächter erwähnt, während von Landarbeitern nur auf jenen kleinen Stellen die Rede ist. Daß dies schließlich auch das Ziel der Ansiedelungsgesetze war, geht schon daraus hervor, daß zur Bewerbung um ein Pachtgut ein gewisses Kapital erforderlich ist[1]), dessen Nachweis für den Landarbeiter schwerer war als für die Bewerber aus der ländlichen Mittelschicht. Aus diesen Schichten konnte man auch das beste Ansiedlermaterial erwarten, um so mehr, als der Board bei der Bewerbung die geeignetsten noch heraussuchen konnte.

Für den bona-fide-Charakter der Ansiedler ist die Zahl der Fälle, in denen das Pachtgut wegen Bruchs der Siedelungsbedingungen an den

---

[1]) Vgl. Fragebogen, Frage 3, S. 146/147.

Staat zurückfiel, bezeichnend. Prozentual ist diese Zahl dauernd gesunken[1]). Bei Beurteilung der Voraussetzung für den Rückfall eines Pachtgutes an den Staat ging der Board mit größter Nachsicht vor. Es war von vornherein damit zu rechnen, daß viele Ansiedler Schwierigkeiten mit der Erfüllung der Siedelungsbedingungen haben würden, denn der Bau eines Hauses, das Einhegen, Drainieren usw. erforderte erhebliche Summen. Hinzu kam noch, daß oft 1 bis 2 Jahre vergingen, ehe das Land soweit kultiviert war, daß die Ansiedler Einkünfte von ihren Gütern hatten und hiervon leben konnten. Zudem war ja noch die Pacht pränumerando zu bezahlen. Für solche Fälle, wo höhere Gewalt und ein sonstiger „ausreichender Grund" (sufficient cause Art. 53 Ans.-Ges. 1900, Ermessen des Board) vorlag, war vorgesehen, daß eine Jahrespacht mit Zustimmung des Parlaments erlassen werden konnte. Von dieser Möglichkeit scheint kein Gebrauch gemacht worden zu sein. Vielmehr half der Board sich damit, daß er eben nachsichtig zu Werke ging und überall da, wo der bona-fide-Charakter des Siedlers außer Zweifel stand, von der ultima ratio des Rückfalls an den Staat absah[2]). So erklärt sich einerseits die immer geringer werdende Zahl der Rückfälle. Daß dieses Sinken aber nicht in erster Linie auf die nachsichtige Praxis des Board zurückzuführen war, geht daraus hervor, daß auch die Zahl der Ansiedler, die Pachtrückstände schuldeten, prozentual sank[3]). Daß endlich die Mehrheit die Vergünstigung der Prämie auf pünktliche Zahlung der Pacht erhielt, beweist auch wieder den bona-fide-Charakter der Pächter[4]). Einen weiteren Beleg für deren ausgezeichnete Qualität

[1])
Jahr	Zahl der Pächter	Rückfälle	Rückstände
1895	96	—	—
1896	397	12	—
1897	698	9	21
1898	932	56	47
1899	1224	20	119
1900	1489	34	182
1901	1620	48	249
1902	1845	25	245
1903	2110	25	259
1904	2465	40	137
1905	2838	7	159
1906	3231	10	173
1907	3504	28	174
1908	3690	23	163
1909	4094	28	196 (nach C-1 der betreffenden Jahre).

[2]) So in jedem Bericht C-1 erwähnt.
[3]) Vgl. Anm. 1.
[4]) Wenn der Pächter innerhalb eines Monats nach Fälligwerden die halbjährliche Pacht bezahlte und mit keiner früheren Renten- oder sonstigen Zahlung in Rückstand gewesen war,

würde eine Statistik über den Wert der Verbesserungen geben, aus der zweifellos hervorgehen würde, daß die tatsächlich vorgenommenen Verbesserungen die gesetzlich erforderten weit übertrafen. Eine solche Statistik gibt es aber nur für zwei Distrikte, Canterbury und Hawke's Bay, bezüglich der Verbesserungen auf den Pachtgütern, und zwar für 1908. Es betrugen[1]:

	Wert der ges. verlangten Verbesserungen £	Wert der tatsächlich vorg. Verbesserungen £	Überschuß £	%
Hawke's Bay	71 403	212 971	141 568, d. h.	198 %
Canterbury	227 078	345 894	118 816, d. h.	52 %

Bei manchen Gütern, namentlich kleinen, betrugen die tatsächlichen Verbesserungen oft mehrmals, bis 10mal soviel, als die gesetzlich erforderten. Die Annahme ähnlich günstiger Ergebnisse erscheint bei den anderen Distrikten nicht ungerechtfertigt.

Der bona-fide-Charakter der Ansiedler kann nach den mitgeteilten Erfahrungen nicht bezweifelt werden. Der Board hat also bezüglich des Aussuchens der Ansiedler seine Aufgabe erfüllt.

c) Die Landwirtschaft auf den Pachtgütern.

Bevor die landwirtschaftliche Entwicklung der Pachtgüter dargestellt wird, ist es erforderlich, auf die Naturbedingungen für die Landwirtschaft in Neuseeland kurz einzugehen.

1. Die Nordinsel[2].

Sie ist im allgemeinen hügelig oder gebirgig. Das Gebirge im Zentrum der Insel bedeckt etwa $1/10$ von deren Fläche. Seine Höhe, die, abgesehen von wenigen vulkanischen Erhebungen, 1200 m nicht übersteigt, entspricht etwa derjenigen unserer Mittelgebirge. Von dem Zentralgebirgsstock gehen nach drei Seiten radiale Gebirgszüge aus, einer nach Nordwesten zum Kap Maria van Diemen (Auckland), einer nach Nordosten zum Kap Runaway (Grenze zwischen Auckland und Hawke's Bay) und einer nach Südwesten zum Kap Palliser (Grenze zwischen Wellington und Hawke's Bay). Zwischen diesen Höhenzügen liegen verschiedene größere Tiefebenen, nämlich an der Bay of Plenty, an der Küste von Hawke's Bay, an der Westküste von Wellington und endlich die Thames-Ebene im Auckland. Bis auf den südlichen Teil der Ebene an der Bay of Plenty, der mit vulkanischem Gestein bedeckt ist, handelt es sich bei diesen Ebenen um gutes Ackerland (Alluvialland). Dazu kommen noch eine Reihe kleinerer Ebenen in zahlreichen Fluß-

---

konnte ihm nämlich $1/10$ der Pacht erlassen werden (Art. 52 Ans.-Ges. 1900—1909). 1911 wurden von 4443 Pachtgutsbesitzern 3981 diese Vergünstigung gewährt. 1911 C-1, S. 75.

[1] 1908 C-1, S. 58 u. 65.
[2] Das Folgende nach New Zealand Off. Yearb. 1911, S. 8 ff. u. 851 ff.

tälern. Das zum Ackerbau geeignete Land wird auf rund 13 Millionen Acker geschätzt gegenüber 14,2 Millionen Acker, die nur als Weideland in Betracht kommen. 300000 Acker werden, weil zu hoch gelegen, als wertlos bezeichnet.

2. Die Südinsel.

Sie wird in ihrer ganzen Länge von den Südalpen (Southern Alps), die an Höhe etwa den Pyrenäen gleich sind, durchzogen, deren Kamm der Westküste der Insel näher liegt als der Ostküste. Im Norden (Nelson und Marlborough) sowie im Süden (Otago und Southland) zweigen sich von der Hauptkette zahlreiche Ausläufer ab, so daß die vier genannten Provinzen ein von zahlreichen Flußtälern durchzogenes Hügelland darstellen, das im Westen steil, im Osten aber allmählich zur See abfällt. In der Mitte ist der Abfall der Alpenkette nach beiden Seiten gleichmäßig steil, und hier liegt auf der Westseite des Gebirges die schmale Provinz Westland und auf dessen Ostseite Canterbury mit der großen Canterbury-Ebene. Sie ist die größte Tiefebene Neuseelands und erstreckt sich in einer Ausdehnung von 160 Meilen nördlich vom Waitaki zwischen der Küste und den Anhängen der Alpen in einer Breite von durchschnittlich 40 Meilen nach Norden. Sonst finden sich größere Tiefebenen auf der Südinsel nicht. Die einzig bedeutendere ist diejenige am Wairau (Marlborough) mit einer Länge von rund 50 und einer Breite von 4 bis 12 Meilen. Abgesehen von diesen Ebenen finden sich wie auf der Nordinsel zahlreiche kleinere Flußtäler und ebene Küstenstriche von geringer Ausdehnung. Das Land in diesen Ebenen ist Alluvialland. Die zum Ackerbau geeignete Fläche auf der Südinsel wird auf 15 Millionen Acker, die Weidefläche auf 13 Millionen und die wertlosen Böden auf 9 Millionen Acker geschätzt.

Kein Ort in Neuseeland ist mehr als 75 Meilen von dem größten Ozean der Erde entfernt. Das Klima ist demgemäß ozeanisch. Die Temperaturen schwanken also wenig. So entspricht z. B. das Klima der Nordinsel im Sommer etwa dem der Rheinebene, im Winter dem von Sizilien, das der Ostküste der Südinsel (Canterbury) im Sommer dem von England, im Winter dem von Südfrankreich. Eine Übersicht gibt folgende Tabelle, in der nicht die Durchschnittstemperaturen für die beiden Inseln benutzt wurden, weil die Temperaturen der Alpen das Bild entstellen würden, sondern die Temperaturen einzelner Punkte.

	Durchschnitt im Sommer (Januar) in Celsius	Durchschnitt im Winter (Juli) in Celsius
Nordinsel:		
Nord- und Westküste (Auckland und New Plymouth) . .	19,2	+ 10,7
Ostküste (Hawke's Bay) Gisborne	17,8	+ 10,5
Südküste (Wellington)	17,0	+ 7,5
Südinsel:		
Westküste (Nelson)	19,8	+ 7,6
Hokitika (Westl.)	17	+ 7,5
Ostküste, Canterbury (Christchurch)	16,6	+ 7,4
Dunedin (Otago)	14,7	+ 4,7

Schnee fällt in den Niederungen, auch auf der Südinsel, selten und bleibt dann nie lange liegen.

Neuseeland ist eines der niederschlagreichsten Länder der Erde. Indessen ist die Verteilung auf die beiden Inseln ungleich. Die jährliche Niederschlagsmenge beträgt auf dem größten Teil der Nordinsel 126 bis 170[1]) cm. Das entspricht etwa der Regenmenge der deutschen Mittelgebirge. Geringer ist die Niederschlagsmenge nur an den Küsten von Wellington und Hawke's Bay, nämlich 75 bis 100[2]) cm. Der Grund für diese Erscheinung liegt darin, daß die feuchten Westwinde, die die Regel bilden, ohne Widerstand über die westliche Wellington-Ebene ziehen, bis sie an dem südöstlichen Ausläufer des Hochplateaus der Nordinsel anprallen. Hier verlieren sie ihre Feuchtigkeit in Form von Niederschlägen, übersteigen dann den Gebirgskamm und wehen als verhältnismäßig trockener Wind über die östliche Ebene und Hawke's Bay.

Noch ausgeprägter ist diese Einwirkung des Gebirges auf die Niederschlagsmenge auf der Südinsel. Auf der ganzen Westküste sind die Regenmengen hoch, bis über $2\frac{1}{2}$ m [3]) jährlich. Östlich des Kammes, also namentlich in der Canterbury-Ebene betragen sie nur $\frac{1}{4}$ hiervon (50 bis 76 cm)[4]) und entsprechen etwa denjenigen der Rheinebene.

Der Regen fällt meistens im Winter und Frühjahr und auch da vorzugsweise nachts, so daß das Wetter namentlich im Sommer sonnig ist und demjenigen von Südeuropa in dieser Beziehung nicht nachsteht[5]).

Neuseeland hat also ein gleichmäßig warmes Klima, dazu Gegenden mit hoher und solche mit geringer Feuchtigkeit, ist also für die verschiedensten Arten der Landwirtschaft geeignet. Überall — abgesehen von den wertlosen Gebirgszonen — sind in der ganzen Kolonie die Wachstumsbedingungen für Weidegräser infolge der hohen Niederschlagsmenge und der gleichmäßigen Temperatur die denkbar günstigsten. Zum Ackerbau eignet sich nur ein Teil der landwirtschaftlich benutzbaren Fläche, vor allem die Ebenen, die Flußtäler und das dicht dahinter liegende Hügelland. Hier[6]) folgt der Ackerbau im allgemeinen den Eisenbahnlinien; das Hinterland, auch in den Ebenen, wird als Weide benutzt und dort ist das Feld des pioneer settler, der den Busch und den Wald urbar macht, und so finden sich auch hier viele Sägemühlen. In den zum Ackerbau benutzbaren Gegenden können alle landwirtschaftlichen Gewächse der gemäßigten Zone mit gutem Erfolge gepflanzt werden. Der schwerste Weizen, Hafer und Gerste in Australasien soll aus Neuseeland kommen. Auf der Nordinsel, die ja schon in

---

[1]) Nach New Zealand Off. Yearb. 1911, S. 19: 50 bis 70 Zoll, 1 Zoll (inch) = 2,53 cm.
[2]) 20 bis 40 Zoll.
[3]) Über 100 Zoll (Westland).
[4]) 30 bis 30 Zoll.
[5]) Das New Zealand Off. Yearbook 1911, S. 21 gibt für die Nordinsel an: 1906 betrug in Hawke's Bay der Sonnenschein 52% bis 62% des Möglichen. Italien hat nur einen Durchschnitt von 45 bis 54%! Über die Südinsel fehlen genaue Angaben. Das Jahrbuch sagt aber, dort sei es nicht schlechter.
[6]) Vgl. für die folgende Schilderung G. H. Scholefield, New Zealand in Evolution, 1909, S. XI.

die subtropische Zone hinenreicht, sind außerdem die Naturbedingungen für den Anbau von Mais, Orangen, Zitronen und subtropischen Gewächsen aller Art äußerst günstig[1]). Rechnet man die für die beiden Inseln angegebenen offiziellen Schätzungen zusammen, so ergibt sich, daß gut die Hälfte der landwirtschaftlich benutzbaren Fläche, nämlich 28 von 55 Millionen Acker zum Ackerbau Verwendung finden könnte. Die natürlichen Bedingungen hätten also ebensogut zu überwiegendem Ackerbau wie zu überwiegender Weidewirtschaft führen können. Die Entscheidung ist für letztere gefallen. Der Boden Neuseelands wurde zum weitaus größten Teil als Schafweide zum Zweck der Wollproduktion, seit 1882 auch der Fleischproduktion benutzt; ein Weizenexportland wie Nordamerika ist die Kolonie nicht geworden. Von den zum Ackerbau geeigneten Ebenen war eigentlich nur die Canterbury-Ebene zu einem Ackerbauzentrum geworden, daneben noch das Hügelland von Nord-Otago. In diesen beiden Gebieten lagen 1891 $^4/_5$ der Getreideflächen Neuseelands. Die anderen Ebenen begannen erst allmählich dem Ackerbau nutzbar gemacht zu werden. Für eine Übersicht über die Benutzung der landwirtschaftlichen Fläche im Jahre 1891 vgl. die Tabelle S. 143.

1891 waren also über $^4/_5$ der landwirtschaftlich benutzbaren Fläche Schafweide. Zum Getreidebau wurde nur so viel Land verwendet als zur Befriedigung des Eigenbedarfs der Kolonie nötig war, allerdings doch mit dem Erfolge, daß die Autarkie bezüglich des Weizens nahezu erreicht war.[2]) Der Grund, weshalb in Neuseeland die Entscheidung für die

---

[1]) Vgl. Scholefield a. a. O., S. XII.
[2]) Die Zahlen für den Weizenimport waren mir allerdings erst seit 1899 zugänglich. Indessen genügte 1891 bei der geringeren Bevölkerung auch die geringere Weizenfläche zweifellos für die Bedürfnisse der Kolonie ebenso wie 1899. Zu beachten ist hierbei auch noch, daß die Weizenfläche nach 1899 Jahre hindurch dauernd abnahm, und trotzdem bei steigender Bevölkerung die Autarkie beinahe erreicht war, indem sich in einigen Jahren 1900, 1902, 1906) die Weizeneinfuhr auf den Import von Sämereien beschränkte (New Zealand Off. Yearb.)

Jahr	Weizenfläche in der ganzen Kolonie Acker	Weizenexport £	Weizenimport £
1891	301 464	338 476	2 484
1899	399 034	351 494	22
1900	269 794	276 111	199
1901	208 084	31 074	4 549
1902	163 462	14 070	14
1903	194 355	126 035	—
1904	230 346	144 374	318
1905	258 015	9 915	39
1906	222 183	326	8 037
1907	206 185	591	6 023
1908	193 131	—	—

Schafweide gefallen ist, war ähnlich wie im England des 16. Jahrhunderts der, daß die Schafzucht rentabler erschien wie die Getreideproduktion. Neuseeland ist nun auch in außerordentlichem Maße zur Schafzucht geeignet[1]). Einmal macht das gleichmäßig milde Klima es möglich, daß die Schafherden auch im Winter im allgemeinen auf der Weide bleiben können, so daß dann die Kosten für die Winterfütterung entweder ganz wegfallen oder sehr vermindert werden. Außerdem ist die natürliche Zunahme der Herden außerordentlich groß. Für 1910 werden z. B. [2]) folgende Zahlen für die durchschnittliche Vermehrung der Schafherden angegeben.

1. Auf unverbessertem Bergland mit dem ursprünglichen Graswuchs (native grass) . . . . 75— 88%
2. Auf ungepflügtem, mit Kunstgras besätem Boden. 81—100%
3. Auf gepflügtem, mit Kunstgras besätem Boden . 80—111%

Endlich kommt hinzu, daß die Herrichtung des Bodens zur Weide verhältnismäßig geringe Kosten und wenig Mühe verursacht. Die Hindernisse, die sich der Urbarmachung des Bodens überhaupt entgegenstellten, sind der Wald und der Busch. Die regenreichen Teile der Insel, d. h. der größte Teil der Nordinsel und die westliche Hälfte der Südinsel, waren einst ganz mit Wald bedeckt und sind es zum großen Teile heute noch. Der Kampf gegen den Wald hatte bis 1891 in Taranaki den größten Erfolg gehabt. Die Niederungen der Nord- und Südinsel waren mit Busch überzogen, und diesem war verhältnismäßig mehr Boden abgewonnen worden (Wellington, Hawke's Bay, Canterbury, Otago) als dem Wald (vgl. die Tabelle S. 143). Die erste Stufe der Urbarmachung, das Herrichten des Landes zur Weide, vollzieht sich in Neuseeland in der Regel folgendermaßen[3]): Der Wald oder Busch wird ausgehauen, und die Überreste werden verbrannt. Das Kunstgras wird dann ohne weiteres Aufbrechen des Bodens auf die verbrannte Fläche ausgesät (surface sown), wo es infolge des feuchten Klimas ausnahmslos gut wächst. Das Brennen und Säen geschieht im Herbst, von März bis April, und im folgenden Frühjahr ist dann regelmäßig die Weide fertig. Die Qualität der Weide verschlechtert sich in einigen Jahren regelmäßig

---

[1]) New Zealand Off. Yearb. 1910, S. 503.
[2]) New Zealand Off. Yearb. 1910, S. 503 sagt, dies seien nicht außergewöhnliche Ergebnisse.
[3]) The Immigrants' Guide, compiled by direction of the Hon. the Minister of Lands 1906, S. 274ff.

infolge der starken Verunkrautung[1]). Das Weideland wird dann gepflügt und zum Bau von Getreide oder Futtergewächsen verwendet. — Manchmal ist aber der Weg der Urbarmachung des Bodens umgekehrt, indem zuerst Getreide oder Futtergewächse gepflanzt werden und dann, nachdem diese einige Jahre gebaut worden sind, das Land zur Weide gemacht wird. Namentlich Futterrüben werden oft zuerst auf neu in Besitz genommenem Lande gebaut, da sie auf diesem auch ohne vorherige Düngung gute Erfolge haben. Nur ein verschwindend geringer Teil des Pachtgutslandes war vor dem Ankauf durch den Staat schon zum Ackerbau verwendet worden; namentlich handelt es sich hierbei um die Landkäufe der ersten Jahre der Ansiedelungspolitik in Canterbury und Otago. Diese enthielten das „much improved land", von dem in dem Pachtgutsbericht 1896 (C-5) zum letzten Male die Rede ist. Das meiste Pachtgutsland aber war entweder mit seiner natürlichen Grasdecke (native grass) oder mit Busch bedeckt, mußte also, namentlich in letzterem Falle erst zu Weidezwecken oder zu Getreidebau hergerichtet werden. Manchmal kam es auch vor, daß das Pachtgutsland schon mit Kunstgras besät war. Ein buschfreier Landstrich, wo also Natur- oder Kunstgras die Regel ist, erstreckt sich vom Clutha (Otago) bis in die Mitte der Canterbury-Ebene, etwa bis zur Banks-Peninsula, so daß also die meisten Pachtgüter in Canterbury und Otago in buschfreiem Gebiet liegen, somit vor den anderen den Vorteil voraus haben, daß hier die Kosten für das Buschfällen und Brennen fortfielen, die die Pachtgutsbesitzer in den anderen Landdistrikten zu tragen hatten, und nur die geringeren für das Pflügen den Ansiedlern blieben. Die Kosten für das Buschfällen betragen bei bisher noch unberührtem Busch 15 Shilling bis £ 1 15 Shilling pro Acker, wozu noch die Kosten für Brennen, mit durchschnittlich 5 Shilling pro Acker treten, so daß die Urbarmachung des Busches etwa £ 1 bis 2 pro Acker zu stehen kommt[2]). Ist das Land zur Weide hergerichtet, so folgt nach wenigen Jahren das Pflügen. Wo ebenes oder schwachwelliges Land ist, wie dies bei dem Pachtgutsland meistens der Fall ist, sind auch die Kosten des Pflügens nicht bedeutend. Sie werden auf 5 bis 15 Shilling pro Acker angegeben[3]). Denn hier kann der doppelte oder dreifache Pflug verwendet werden, der von einem Manne bedient wird. Auf diese Weise wird viel Lohn erspart, so daß in

---

[1]) New Zealand Off. Yearb. 1910, S. 765, gibt 3 Jahre an.
[2]) Immigrants Guide, S. 373 ff.
[3]) Immigrants Guide, S. 384 ff.

Neuseeland „ein Mann oder sogar ein Junge ebensoviel wert ist wie zwei Mann im alten Lande"[1]).

Eine ökonomische Notwendigkeit, statt der Weidewirtschaft mehr Ackerbau zu betreiben, bestand 1891 nicht. Die Weizenfläche genügte für die Bedürfnisse der Kolonie, und die Schafzucht rentierte vorzüglich, wie die dauernd steigenden Zahlen der Woll- und Gefrierfleischausfuhr beweisen[2]). Gerade aber eine solche zum Export geeignete Produktion brauchte Neuseeland, weil diese ihm die Mittel gab, um die Zinsen seiner beträchtlichen Staatsschuld und die Einfuhr von Industrieerzeugnissen, die es selbst noch nicht herstellen konnte, zu bezahlen. 1891 war also ein Fortbestehen der Schafzucht als der hauptsächlichsten Trägerin der neuseeländischen Volkswirtschaft zu erwarten.

Wie fügten sich die Pachtgüter in die neuseeländische Landwirtschaft ein?

Die Besitzer der Pachtgüter waren ursprünglich ausnahmslos Leute mit geringen Geldmitteln, die in der Regel für den Bau des Hauses, die ersten Pachtzahlungen und die Verbesserungen aufgebraucht wurden. Sie mußten also darauf bedacht sein, daß die Rente, und, wenn es ging, ein Gewinn, möglichst bald herausgewirtschaftet wurde, d. h. sie mußten zum Verkauf produzieren. Sie mußten dies um so mehr, als ihnen die Möglichkeit, Hypotheken aufzunehmen, für die ersten Jahre der Pacht durch Gesetz sehr beschränkt, eigentlich ganz genommen war. Art. 9 des Ans.-Ges. 1896 verbot ihnen, bis zum Ablauf des 5. Besitzjahres ohne Genehmigung des Ministers Hypotheken aufzunehmen. Ob diese Genehmigung einmal nachgesucht und erteilt worden ist, kann nach den Berichten C-1 und C-5, die die Verhältnisse der Güter erschöpfend behandeln, nicht festgestellt werden; keiner enthält irgendeine Äußerung hierüber, jedenfalls wird man annehmen dürfen, daß dies sehr selten

---

[1]) New Zealand Off. Yearb. 1911, S. 801 (ebenso alle früheren Jahrgänge).
[2]) Wert der Ausfuhr in £:

Jahr	Wolle	Gefrorenes Schaffleisch	
1870	1 703 944	—	
1875	3 398 155	—	
1880	3 169 300	(1882)	19 339
1885	3 205 275		345 090
1890	4 150 599		1 087 617

geschehen ist, wenn es überhaupt vorkam. Denn schon die gesetzliche Bestimmung zeigt die Absicht der Regierung, die hypothekarische Belastung der Pachtgüter möglichst zu verhindern.

Über die hypothekarische Belastung der Pachtgüter waren mir irgendwelche Angaben nicht zugänglich. In keinem der jährlichen Berichte finden sich Anhaltspunkte dafür. Nur für Southland wird 1909 erwähnt[1]), daß 118 Pachtgutsbesitzer £ 15000 geborgt hätten, und zwar von dem staatlichen Hypothekenleihamt. Dies sei die Hauptmasse des geborgten Geldes.

Seit 1894 bestehen nämlich in Neuseeland staatliche Hypothekenleihämter[2]), wo der Staat Geld, das er durch Anleihen beschafft, als erste Hypothek an Ansiedler verleiht. Der Zinsfuß ist 5%, d. h. geringer als der Hypothekenzinsfuß Neuseelands zur Zeit der Einführung des Systems in der Regel war. (Von £ 5,5 Millionen Hypotheken 1896 waren nur £ 859511, zu einem Zinsfuß von 5% ausgeliehen. New Zealand Off. Yearb. 1911 S. 641). Indessen ist der Zinsfuß in der Regel um 1% erhöht, beträgt also 6%, da gewöhnlich zugleich eine Amortisationsquote bezahlt wird[3]); diese 6% können bei pünktlicher Zinszahlung auf 5½% herabgesetzt werden (zu einem Zins unter 6% waren 1896 £ 1,6 Millionen, d. h. nicht ganz ein Drittel der Hypotheken ausgeliehen). Bezahlt der Schuldner, was die Regel ist, zugleich noch die Amortisationsquote, so wird die Schuld nach einem gesetzlich aufgestellten Schema in 73 Halbjahresraten getilgt (W. P. Reeves, State Experiments I, S. 373). Außer dem Vorteil des verhältnismäßig niederen Zinsfußes und der Möglichkeit der Tilgung der Schuld durch die halbjährlichen Amortisationszahlungen, hat diese Art des Hypothekenkredits noch den Umstand für sich, daß die Nebenkosten (für Einschätzung des verpfändeten Grundstückes und sonstige Gebühren) sehr gering sind, und es ist — wie das Beispiel von Southland zeigt — wahrscheinlich, daß die Pachtgutsbesitzer Geld lieber beim Staate als bei Privaten liehen. Zu beachten ist hierbei übrigens, daß der Hypothekarkredit im privaten Verkehr in Neuseeland billiger geworden ist. 1908—1909 hatten nach dem New Zealand Off. Yearb. 1911, S. 641 von £ 17,8 Millionen registrierter Hypotheken £ 13 Millionen einen Zinsfuß von 6% und darunter, d. h. beinahe ¾ gegen ⅓ im Jahre 1896. Eine gesetzliche Verschuldungsquote existiert nicht.

Über die wirtschaftliche Benutzung der Pachtgüter erließ die Regierung eine Verordnung (Verordn. vom 10. Januar 1895), die sich indessen nicht auf die Arbeiterkolonien und die Weidepachten bezieht. Ihr Inhalt ist folgender:

1. Der Boden darf bei allen Pachtgütern, einerlei welcher Größe, nur 3 Jahre hintereinander zum Ackerbau verwendet werden. Darauf

---

[1]) 1909 C-1, S. 39.
[2]) Auf Grund des Government Advances to Settlers Act von 1894.
[3]) Die sog. Justalment Loans, im Gegensatz zu den Fixed Loans, wo keine Amortisationsquote bezahlt wird; letztere Form ist nach dem Gesetz auch möglich.

muß er, mit Kunstgras oder Klee besät, mindestens 3 Jahre lang als Weide benutzt werden.

2. Sofern es sich um Güter von über 20 Acker Größe handelt, muß immer mehr wie die Hälfte des Landes als dauernde Weide verwendet werden.

Bei den Gütern über 20 Acker Fläche, d. h. bei den meisten, war also der Weidewirtschaft von vornherein eine hervorragende Bedeutung gegeben worden. Vorwiegend konnte der Ackerbau nur auf den kleinen Pachtgütern betrieben werden. Keineswegs also wollte diese Verordnung allgemein zu überwiegendem Ackerbau veranlassen. Im Gegenteil wollte sie gerade einer Erschöpfung des Bodens durch allzu intensive Bewirtschaftung vorbeugen, während sie andererseits den Kolonisten die Möglichkeit ließ, ihr Land ganz oder vorzugsweise als Weide zur benutzen.

In den ersten Jahren der Ansiedelungspolitik, wo entsprechend der Qualität des zurückgekauften Landes vorwiegend Kleingüter, auch Parzellen, vergeben wurden[1]), hat der Ackerbau offenbar eine bedeutende Rolle gespielt. Zahlenmäßig läßt sich das nicht nachweisen. Indessen sprechen folgende Indizien für die Richtigkeit dieser Behauptung: Einmal kommen häufig Klagen der Kronlandskommissare über zu intensiven Ackerbau auf diesen Gütern, namentlich in Canterbury vor; ferner fielen, wenn einmal, wie z. B. 1898/99 eine Mißernte eintrat, gleich eine ganze Reihe von Pachtgütern, weil die Siedelungsbedingungen nicht mehr erfüllt werden konnten, an den Staat zurück[2]). Die Parzellen konnten häufig, nachdem sie verlassen waren, keine neuen Besitzer finden, so daß hier, wie auch auf manchen Kleinsiedelungen, die Kolonisation tatsächlich zum Stillstand kam[3]). Die Art der Bewirtschaftung, Getreidebau, gewährte also nicht genügende Einnahmen, um den Siedelungsbedingungen nachzukommen. Diese kleinen Pachtgüter waren nun nicht nur von Farmern, sondern manchmal von Land- und sonstigen Arbeitern erworben worden. Und bei letzteren zeigte sich als ein weiterer Mangel, daß sie in der näheren Umgebung oft keine Arbeitsgelegenheit fanden. So kam es, daß die Besitzer solcher kleiner Pachtgüter oder

---

[1]) Nach der oben S. 50/51 mitgeteilten Statistik rechnen wir

Parzellen bis zu . . . . 10 Acker Größe
Kleine Betriebe . . . . 10—100 ,, ,,
Mittelbetriebe . . . . . 100—1000 ,, ,,

[2]) 1899 war die Durchschnittsgröße der an den Staat zurückfallenden Pachtgüter in Canterbury 32 Acker; 1899 C-1, S. 23.

[3]) 1898 C-1, S. 19 (Canterbury), S. 25 (Otago).

Parzellen sich häufig längere Zeit von ihrem Grundstück entfernen mußten, um Arbeit zu finden. Die Folge war dann Vernachlässigung des Gutes[1]). Häufig enthalten die Berichte (C-1 der 90er Jahre) Klagen der Ansiedler darüber, daß ihre Stellen zu klein seien, um sich und ihre Familie zu ernähren, ein weiterer Grund für Besitzwechsel, namentlich in Canterbury und Otago. In der Folgezeit hat auch die Regierung den Fehler vermieden, auf neugekauften Gütern zu kleine Stellen auszuschneiden und die alten teilweise zusammengelegt. — Anders war es in Hawke's Bay. Hier wurden die kleinen Pachtgüter höchst selten zum Ackerbau verwendet. Die Regel war, daß einige Acker zum Gemüse- und Obstbau in Gärten, der Rest des Landes aber als Schafweide benutzt wurde, und zwar zum Zweck der Fleischproduktion. Wieder anders war es in Wellington, wo auf dem einzigen vor 1900 zurückgekauften Gute Molkereiwirtschaft und namentlich auch Hühnerzucht[2]) getrieben wurde. In diesen beiden Landdistrikten hielten sich die kleinen Güter besser als in Canterbury wohl auch deshalb, da Arbeitsgelegenheit für ihre Besitzer immer in unmittelbarer Nähe vorhanden war. Rückfälle an den Staat werden nicht erwähnt.

Es hatte sich bei den kleinen Pachtgütern schon in den ersten Jahren, soweit man bei einer so kurzen Zeit von Erfahrungen reden darf, gezeigt, daß der Ackerbau allein nicht rentierte. Über die größeren Güter bis zu 1000 Acker Größe enthalten die Berichte bis 1900 nur spärliche Angaben. Aus diesen geht hervor, daß die Besitzer dieser Stellen noch mit dem Errichten ihrer Häuser und den ersten kolonisatorischen Arbeiten beschäftigt waren. Wo aber Angaben über ihre wirtschaftliche Tätigkeit gemacht werden, da zeigt sich, daß auf diesen Gütern immer zwei Arten von Viehzucht betrieben wurden, die Molkereiwirtschaft und die Aufzucht von Schafen zum Verkauf als Gefrierfleisch. Diese beiden Zweige der Weidewirtschaft dehnten sich auf die Pachtgüter, die kleinen wie die großen, in immer steigendem Maße aus und wurden schließlich deren wichtigste Wirtschaftszweige. Die Ursache hierfür ist einmal, daß die Rentabilität der Güter Produktion für den Markt forderte, die aber in Neuseeland in erster Linie nicht durch Getreideproduktion, sondern durch Viehzucht (Molkereiwirtschaft und Schafzucht) bewirkt wurde. Ein weiterer Grund liegt darin, daß die Regierung durch die hohen Bodenpreise in steigendem Maße zum Ankauf von Weideland gedrängt wurde. Überwiegend war wohl der erste Grund, der auch

---
[1]) 1899 C-1, S. 33.
[2]) 1900 C-1, S. 13. Die Güter lagen in nächster Nähe der Stadt Wellington.

schon zu der erwähnten Verordnung von 1895 geführt hatte, nach der die Regierung selbst der Viehzucht einen bedeutenden Platz in der Landwirtschaft der Pachtgüter anwies, wie es der allgemeinen Lage der Landwirtschaft in Neuseeland noch heute entspricht. Jedenfalls kann man nicht behaupten, daß erst die hohen Bodenpreise die Landwirtschaft auf den Pachtgütern in die Richtung der Molkereiwirtschaft und der Schafzucht gedrängt hätten.

a) Die Molkereiwirtschaft (dairying industry). Zur Molkereiwirtschaft ist Neuseeland hervorragend geeignet. Überall ist reichlich Wasser vorhanden, dazu sind die Bedingungen für das Wachstum von Gräsern aller Art die besten, so daß in den besseren Teilen der Kolonie für eine Kuh schon 2 Acker im Jahre genügen[1]); namentlich für die Nordinsel werden die natürlichen Bedingungen als besonders günstig bezeichnet. Insbesondere Taranaki soll das beste Molkereiland in Australasien sein[2]). Die Molkereiwirtschaft ist so recht für den Kleinbetrieb geeignet. Auf den kleinen Stellen kann die Frau, während der Mann auf Arbeit ist, das Vieh besorgen, und so kommt es, daß die Landberichte bei den kleinen Pachtgütern, deren Besitzer einzelne Männer waren, bis in die neueste Zeit von schlechten Erfolgen sprechen, denn diesen entgehen die Einnahmen durch die Molkereiwirtschaft[3]). Sonst haben, wo es ging, sich die kleinen Stellen, aber auch vielfach die mittelgroßen, vor allem auf der Nordinsel, seit 1900 immer mehr auf die Molkereiwirtschaft verlegt.

In Molkereierzeugnissen[4]) — Butter und Käse — hat Neuseeland starke Konkurrenten, Kanada, die Vereinigten Staaten von Nord-Amerika, Argentinien und Sibirien. Diese können nur dadurch aus dem Felde geschlagen werden, daß der neuseeländische Export ihnen an Qualität überlegen ist, und hierauf hat die Regierung von Anfang an ihr Augenmerk gerichtet. Nicht nur suchte sie durch Mitteilung, der in ihren landwirtschaftlichen Versuchs- und Musteranstalten gemachten Erfahrungen die Qualität der Käse- und Butterproduktion zu bessern, sondern sie übernahm die Aufsicht über den ganzen Export, bis zur Art der Verpackung herab, um diesen konkurrenzfähig zu machen. Überall wurden von Privaten oder Genossenschaften Faktoreien errichtet, in die die Farmer ihre Milch bringen, wo diese dann zu Butter und Käse gemacht wird. Hierauf kommen Butter und Käse in die Kühlräume der Regierung, wo sie bis zur Absendung aufbewahrt werden, um auf Schiffen, die ebenfalls nach Vorschrift der Regierung ausgerüstet sein müssen und ihrer Aufsicht unterstehen, vornehmlich nach England geschickt

---

[1]) New Zealand Off. Yearb. 1893, S. 199.
[2]) The Immigrants' Guide, S. 273. Scholefield sagt dasselbe auch von Westland, a. a. O. S. XII.
[3]) 1903 C-1, S. 48, und auch sonst.
[4]) New Zealand Off. Yearb. 1909, S. 723, ebenso die früheren Jahrgänge.

zu werden. Kein einziges Paket Butter oder Käse aber verläßt Neuseeland, ohne daß es zuvor von einem Beamten auf seine Qualität untersucht und begutachtet worden ist. Schlechte Qualität wird vom Export ausgeschlossen. 1911 bestanden in Neuseeland 406 Faktoreien, deren jährliche Produktion 26588 Tonnen Butter und 23966 Tonnen Käse war. Über die Qualität und ihre Verbesserung geben folgende Zahlen auf Grund der Untersuchung in den staatlichen Kühlräumen Auskunft:

	Zahl der Pakete	1.-klass. %	2.-klass. %	3.-klass. %
1899	—	92,63	7,1	0,27
1905	596 281	97,27	2,7	0,02

Dem Staat ist es gelungen dadurch, daß er nur erstklassige Produkte zum Export zuläßt, diesen bedeutend zu steigern, so daß sein Anteil am Gesamtexport Neuseelands von 2,5% im Jahre 1891, auf 13% im Jahre 1911 gestiegen ist. Der Wert der Käse- und Butterausfuhr aus Neuseeland betrug 1891 £ 236933, 1911 aber mehr als das Zehnfache hiervon, nämlich £ 3007348.

An dieser Molkereiwirtschaft nehmen natürlich nicht nur die Pachtgüter teil, sondern auch in weitem Maße die übrigen landwirtschaftlichen Klein- und Mittelbetriebe[1]). Der Grund für den allgemeinen Übergang zu der Molkereiwirtschaft war eben der, daß sie den Ansiedlern regelmäßige monatliche Einnahmen brachte und sie pekuniär sicherstellte. Auf den Pachtgütern dehnte sie sich am meisten in Taranaki aus. Hier wurde sie die herrschende Wirtschaftsart, was in Taranaki, wo ja nur kleine oder Parzellengüter lagen, die Rentabilität der Molkereiwirtschaft für diese Art Pachtgüter beweist. Ausschließlich herrschte sie ferner auf den kleinen Stellen Aucklands[2]), und bedeutenden Umfang erlangte sie auch in Hawke's Bay und Wellington. Auf der Südinsel war ihre Bedeutung etwas geringer, ihr Schauplatz wurde dort Süd-Canterbury, Otago, Westland und zum Teil auch Southland. Letzteres ist aber noch durch den Wegemangel stark behindert; daß trotzdem eine starke Tendenz zur Molkereiwirtschaft besteht, geht daraus hervor, daß manche Ansiedler bis zu 6 Meilen Entfernung ihre Milch in die Fak-

---

[1]) Daß die Molkereiwirtschaft bei den Pachtgütern teilweise auf Mittelbetrieben dieselbe Bedeutung erlangte wie auf Kleinbetrieben, zeigt eine Statistik aus Wellington vom Jahre 1908. Hier liegen auf der Westküste vorwiegend kleine, auf der Ostküste aber vorwiegend mittlere Pachtgüter; für beide sind die Zahlen über den Rindviehbestand fast gleich.

	Pachtgutsfläche	Rindvieh	auf 100 Acker
Westküste	16 477	2574	15,6
Ostküste	37 868	6258	16,5

[2]) Hier ging z. B. der Opouriao-Estate an der Bay of Plenty auf dem der Maisbau sich gut rentiert hatte, vorwiegend zur Molkereiwirtschaft über. Die übrigen, erst nach 1900 eingerichteten kleinen und mittleren Pachtgüter verlegten sich aber von vornherein auf die Molkereiwirtschaft.

torei bringen[1]). Eine Übersicht über den Rindviehbestand auf den Pachtgütern gibt folgende Übersicht vom Jahre 1910, die deutlich die größere Bedeutung der Nordinsel bezüglich der Molkereiwirtschaft zeigt:

Distrikt	Zahl der für Butter	Faktoreien für Käse	Zahl des Rindviehs überhaupt	Zahl des Rindviehs auf den Pachtgütern	Auf 100 Acker
Auckland	57	18	590 865	11 308	13,7
Taranaki	60	59	257 393	1 753	43,8
Hawke's Bay	17	7	167 291	9 445	5,9
Wellington	32	34	397 204	8 362	16,3
Nordinsel	160	118	1 412 753	31 368	—
Marlborough	2	4	17 744	1 133	1,0
Nelson	9	6	37 212	56	0,9
Westland	3	1	21 660	—	—
Canterbury	7	10	100 917	7 463	2,8
Otago	—	—	111 122	5 091	3,05
Southland	8	55	89 927	—	—
Südinsel	30	76	378 572	—	—
Nord- und Südinsel zusammen	189	194	1 773 326	—	—

Zum rentablen Betrieb der Molkereiwirtschaft ist — abgesehen von guter Wegverbindung oder der Nähe einer Faktorei — eine Mindestgröße der Güter von etwa 20 Acker die Voraussetzung[2]). Kleinere Stellen müssen sich anders behelfen. In Wellington und Taranaki wird auf ihnen Hühner- und Bienenzucht, (Obst- und Gemüsebau betrieben; letzteres ist auch in Canterbury und Otago der Fall. Namentlich der Obstbau scheint sich gut zu bewähren: In Otago z. B. benutzt eine ganze Kolonie von Minenarbeitern (Earnst Cleugh in Vincent) ihre Parzellen mit gutem Erfolg fast ausschließlich zum Obstbau, seitdem eine Eisenbahnverbindung hergestellt ist[3]). Auch aus anderen Distrikten werden günstige Erfolge berichtet. Es handelt sich hierbei ebenfalls nur um die Produktion von Qualitätswaren. Daß die Pächter dies wohl verstanden haben, geht daraus hervor, daß sie bei landwirtschaftlichen Ausstellungen, wie die Staatspächter überhaupt, öfters Preise davontragen[4]). Trotz-

---

[1]) 1906 C-1, S. 69.
[2]) 1911 C-1, S. VII.
[3]) 1904 C-1, S. 71.
[4]) 1905 C-1, S. 5 und 36, sagt z. B. bezüglich Hawke's Bay, daß die Namen der Staatspächter in weitem Maße unter den Preisträgern vertreten seien. Namentlich aber für Obstbau hätten einige Pachtgutsbesitzer erste Preise erhalten. Ähnliches wird auch sonst gelegentlich berichtet.

dem sind die Klagen über zu kleine Stellen bis heute nicht verstummt. Daß diese Klagen oft berechtigt waren und sind, geht daraus hervor, daß tatsächlich in einzelnen Fällen von der Regierung allzu kleine Stellen, nachdem sie verlassen waren, zusammengelegt wurden (Canterbury); auch wird ein Bedürfnis zur „Amalgamierung" weiterer Parzellen in manchen Fällen anerkannt[1]). Aber davon, daß es in größerem Maße geschehen soll, kann nach Ansicht der Regierung nicht die Rede sein, denn das Verlangen nach größeren Stellen ist in den meisten Fällen nicht darauf zurückzuführen, daß die gegenwärtige tatsächlich zu klein ist, sondern aus dem Verlangen mehr Land zu besitzen, um zur Schafzucht, von der man mehr Einnahmen erhofft, übergehen zu können. Diese Tendenz begann auf Cheviot sich bemerkbar zu machen, der ja nicht unter den Ansiedelungsgesetzen verwaltet wird. Hier waren auch Parzellen als Privateigentum verkauft worden und eine Reihe ihrer Eigentümer kaufte die benachbarten Stellen auf, um das Land dann zur Schafzucht zu verwenden. Immer mehr verminderte sich auf Cheviot nicht nur die Getreidefläche zugunsten der Schafweide, sondern auch die einst blühende Molkereiwirtschaft ging zurück[2]). Die Schafzucht erwies sich rentabler und die Tendenz zur Vergrößerung der einzelnen Stellen äußerte sich naturgemäß nicht nur auf Cheviot, sondern auch sonst.

b) Die Schafzucht. — Bevor auf die Benutzung des Pachtgutslandes als Schafweide eingegangen wird, muß kurz die Entwicklung der Schafzucht in Neuseeland zum Zweck des Exports von Gefrierfleisch (frozen meat industry) dargestellt werden. Seit 1882 wird aus Neuseeland gefrorenes Schaffleisch verschickt. Das Wachsen dieses Produktionszweiges zeigen folgende Zahlen[3]):

Wert der Ausfuhr von gefrorenem Schaffleisch.

1882	£ 19 339
1891	£ 1 194 724
1901	£ 2 253 262
1910	£ 3 850 777

Diese frozen meat industry ist also im Wachsen. Wie oben ausgeführt wurde, ist Neuseeland auch für diese Art Schafzucht infolge der geringen Betriebskosten und der großen natürlichen Zunahme der Herden besonders geeignet. Aber auch auf diesem Gebiet hat es gefährliche

---

[1]) 1910 C-1, S. 31.
[2]) 1903 C-1, S. 47, 48.
[3]) New Zealand Off. Yearb. 1911, S. 337.

Konkurrenten, Argentinien und Australien. Namentlich Argentinien ist ein gefährlicher Gegner, da der Boden dort billiger ist und es viel bessere Verkehrsbedingungen nach Europa hat als Australasien[1]). Auch hier kann nur die bessere Qualität Neuseeland seinen Anteil an dem Import von gefrorenem Schaffleisch nach England sichern. Nun hat gerade dieser Gefrierfleischexport eine tiefgreifende Änderung in der neuseeländischen Schafzucht hervorgebracht. Als noch die Wolle das einzige oder das einzig bedeutende Produkt der Schafzucht war, rentierten allein die großen Schafherden. Mit dem Wachsen der Gefrierfleischausfuhr änderte sich dies, indem auch die kleinen und kleinsten Schafherden rentabel wurden. So wurde die Schafzucht auch den kleinen Farmern zugänglich. Diese Entwicklung hatte eine Verminderung der Zahl bei den größten Schafherden im Gesamtbild zur Folge, wie aus der folgenden Tabelle hervorgeht:

Größe der Herden	Zahl der Herden im Jahre		
	1891	1901	1910
unter 500	8 272	11 700	11 564
500— 1 000	1 691	3 059	4 313
1 000— 5 000	1 665	2 877	4 791
5 000—10 000	287	397	544
10 000—20 000	239	189	233
über 20 000	169	138	77
Im ganzen . .	12 393	18 360	21 522

Heute ist es so, daß fast jeder Farmer, groß oder klein, eine Herde Schafe zum Zweck der Fleischproduktion hält[2]). Zu diesem gewinnbringenden Produktionszweige wurden auch die Pachtgüter benutzt, zunächst die größeren, aber in immer steigendem Maße auch die kleineren, ja sogar diejenigen unter 50 Acker, z. B. in der Canterbury-Ebene und in anderen zum Getreidebau besonders geeigneten Gegenden[3]). Ja auch von der Molkereiwirtschaft wendeten sich viele ab, weil diese Art Schafzucht rentabler erschien. Auch hierbei folgten die Pachtgutsbesitzer

---

[1]) The Immigrants' Guide, S. 288.

[2]) The Immigrants' Guide, S. 274. Das Ziel der neuseeländischen Schafzüchter ist, dem kleinen Farmer auch die Wollproduktion zugänglich zu machen, indem eine Schafart gezüchtet werden soll, die die Eigenschaften des Woll- und Fleischschafes miteinander verbindet. Dies Ziel ist noch nicht erreicht worden (New Zealand Off. Yearb. 1911, S. 806), so daß die beiden Produktionszweige noch getrennt bleiben werden.

[3]) Es kam z. B. in Hawke's Bay vor, daß kleine Pachtgüter (Durchschnittsgröße 33 Acker), die ungemein günstige Resultate mit Weizenbau hatten, 100 bushels pro Acker, d. h. mehr als das Doppelte des Durchschnitts (38 bushels), den Getreidebau ganz aufgaben und zur Zucht von Fleischschafen übergingen.

dem auf Cheviot gegebenen Beispiel[1]). So kommt es, daß der Bestand an Schafen nicht nur auf den mittelgroßen Pachtgütern, sondern auch da, wo vorwiegend kleine Stellen liegen, bedeutend ist. Die small grazing runs, die strenggenommen zu den Pachtgütern nicht gehören, werden ausnahmslos als Schafweide, und zwar teils mit dem Zweck der Wollproduktion, teils zur Aufzucht verwendet. Eine Übersicht gibt folgende für die Pachtgüter 1908 aufgestellte Tabelle, bei der wir zum Vergleich die Zahlen für das Rindvieh hinzusetzen[2]) (nach 1908 C-1 berechnet).

Distrikt	Pachtgutsfläche	Zahl der Schafe	Auf 100 Acker	Rindvieh auf 100 Acker
Auckland (1906)	82 435	9 867	11,9	13,7
Taranaki	4 066	1 800	4,5	43,8
Hawke's Bay	159 999	241 379	150,9	5,9
Wellington, Westküste (Kleinbetriebe)	16 474	6 438	39,0	15,6
Ostküste (Mittelbetriebe)	37 868	48 130	127,0	16,5
Nelson	6 151	3 145	51,0	0,9
Marlborough	110 241	95 279	86,4	1,0
Canterbury Ebene (vielf. Kleinbetriebe)	50 869	46 581	91,5	4,4
Hinterland (vielfach Mittelbetriebe)	209 075	199 174	95,3	2,5
Canterbury im ganzen	259 944	246 755	94,9	2,8
Otago	169 964	65 522	39,2	3,0

Daß auch die kleinen Pachtgüter im weiten Maße zur Schafzucht verwendet werden, zeigen die Zahlen für Wellington, vor allem aber für Canterbury. Hier ist in der Ebene, wo Kleingüter und Parzellenbesitz herrschen, die Zahl der Schafe für 100 Acker fast ebenso groß wie im Hinterlande.

c) Die Wirtschaftsweise, die mit Ausnahme von Auckland und Taranaki auf den mittelgroßen Pachtgütern aller Distrikte die herrschende wurde, zum großen Teil aber auch auf den kleinen Pachtgütern die

---

[1]) 1916 C-1, S. 58.
[2]) Wieviel Schafe pro Acker Weide gerechnet werden, war aus dem mir zugänglichen Material nicht zu ersehen. Es kann also nicht überall bestimmt werden, in welchen Distrikten die Pachtgüter vorwiegend zur Schafzucht benutzt werden. Dies ist namentlich zweifelhaft bei Wellington und Otago, da ja immer mehr Schafe wie Rindvieh pro Acker gerechnet werden müssen. Zweifellos vorwiegend zur Molkereiwirtschaft verwendet sind die Pachtgüter von Auckland und Taranaki, während diejenigen von Canterbury, Marlborough, Nelson und Hawke's Bay in erster Linie Schafweide sind. — Für Westland und Southland fehlen die entsprechenden Angaben.

Führung übernahm¹), wird als mixed farming bezeichnet²), d. h. das Land wird zur Schafzucht mit dem Zweck der Fleischproduktion verwendet; daneben wird der Anbau von Getreide und Futtergewächsen betrieben, aber in der Regel nur so weit, als es der Eigenbedarf erfordert³). Außerdem handelt es sich um das Vorbereiten und Ansäen neuer Weideflächen.

Wie sich die Bodenbenutzung gestaltet hat, kann nach dem vorhandenen Material nur für alle Pachtgüter gemeinschaftlich, nicht ihre einzelnen Größenklassen, dargestellt werden. Eine Übersicht gibt folgende Tabelle (berechnet nach 1908 C-1):

Distrikt	Pachtgutsfläche ohne small grazing runs	Zum Ackerbau benutzt Acker	%	Mit Kunstgras besät Acker	%
Auckland⁴)	82 435	2 348	2,8	—	—
Taranaki	4 066	54	1,3	219	5,3
Hawke's Bay	159 999	—	—	89 615	56,0
Wellington	54 342	2 133	3,9	44 504	81,86
Nelson	6 151	—	—	—	—
Marlborough	110 241	11 189	10,1	121 864	19,8
Westland	5 124	120	2,5	3 263	63,3
Canterbury	259 944	52 523	20,2	139 450	53,6
Otago⁵)	167 967	27 835	16,3	7 093	4,6

Die Tabelle zeigt, daß überall, Otago ausgenommen, die mit Kunstgras besäte Fläche die zum Ackerbau verwendete weit übertrifft. In

---

¹) Namentlich in der Südinsel: Nord- und Mittel-Canterbury, Southland, und überall da, wo die Molkereiwirtschaft nicht herrscht.

²) Zur Illustration füge ich die Zahlen einiger Kleingüter aus Süd-Canterbury von 1908 an, die zeigen, daß die Schafzucht der Molkereiwirtschaft hier doch schon ziemlich nahe kam (die angegebenen Pachtgüter bieten nichts Abnormes).

Größe der einzelnen Pachtgüter (Acker)	auf 100 Acker	
	Schafe	Rindvieh
18	74	39
160	38	54
14	42	60
75	43	51
43	46	47
40	47	44
26	43	52

³) Daß Getreide zum Zweck des Verkaufs produziert wurde, wird in den Berichten C-1 nicht erwähnt.

⁴) 1906.

⁵) Die Angaben für Southland fehlen.

Otago herrschten besondere Verhältnisse; dort konnte meistens vom Besäen mit Kunstgras abgesehen werden, weil die bestehende Weide (native grass) genügte. Die Südinsel übertrifft aber die Nordinsel in Bezug auf die Getreidefläche. Es handelt sich hier vor allem um die Weizenflächen in Canterbury und Otago, die von der gesamten (Southland ausgenommen) zum Ackerbau verwendeten Fläche der Pachtgüter (96 202 Acker,) 80 358 Acker, d. h. über $^4/_5$ umfaßte, während die Fläche des Ansiedelungslandes in diesen Provinzen 1908 nur 39 % des Ansiedelungslandes der Kolonie überhaupt betrug (439 000 Acker von rund 1 Million Acker). Hier ist also bezüglich der Pachtgüter der Ackerbau konzentriert, genau wie er es 1891 für die landwirtschaftlich benutzte Fläche der Kolonie überhaupt war, und zwar handelt es sich hierbei vorwiegend um Getreidebau. Die Angaben hierüber sind allerdings sehr unvollständig. Nur für vier Distrikte sind sie vorhanden und auch hier nur lückenhaft (berechnet nach 1908 C-1):

Distrikt	Getreidefläche Weizen, Hafer, Gerste (Acker)	Kartoffeln, Rüben, Raps usw. (Acker)
Wellington . . .	1 070	982
Marlborough . .	6 672	4 391
Canterbury . . .	25 510	12 970
Otago	17 544	8 209

Das Ziel ihrer Besitzer, die Pachtgüter rentabel zu machen, muß jetzt im allgemeinen als erreicht bezeichnet werden. Nicht nur die Pacht wurde herausgewirtschaftet — wie aus der sinkenden Zahl der Pachtrückstände[1]) und Rückfälle an den Staat hervorgeht —, sondern die meisten machten nach den Angaben der Berichte des Landdepartements aus den letzten Jahren auch noch Ersparnisse, so daß schlechte Ernten ihre wirtschaftliche Stellung nicht mehr erschütterten[2]). Dies äußerte sich mit darin, daß sie viel mehr Geld für Verbesserungen des Landes ausgeben konnten als gesetzlich vorgeschrieben war, zugleich ein Beweis für den bona-fide-Charakter der Pachtgutsbesitzer. Diese günstigen pekuniären Erfolge verdanken die Pächter in erster Linie der Molkereiwirtschaft und der Schafzucht, die ihnen regelmäßige Einnahmen bei geringen Betriebskosten zuführen.

---

[1]) Vgl. oben S. 93.
[2]) 1911 C-1, S 29.

d) Die Arbeiterheimstätten (Workmen's homes)[1].

Der Ankauf von Grundstücken für Arbeiterheimstätten nach dem Ansiedlungsgesetz 1896 begann gleich noch im Jahre 1896 in Canterbury und setzte sich dort bis 1902 fort. Erst später folgten Auckland (1902) und Wellington (1906) nach, ganz zuletzt Otago (1907). Eine Übersicht über die Zahl der für die Errichtung von Arbeiterheimstätten vom Staat gekauften Grundstücke und Güter gibt folgende Tabelle:

Distrikt	Zahl der gekauften Güter	Fläche (Acker)	Preis £	Lage
Auckland . . .	12	1481	27 963	Alle bei Auckland.
Wellington . .	9	439	124 708	1 bei Palmerston, 8 bei Lower Hutt (Wellington).
Canterbury . .	10	499	20 910	Bei Christchurch.
Otago	1	12	2 750	Bei Dunedin.
Zusammen .	32	2431	176 331	

Bis auf die neu in Wellington gekauften Landstücke handelt es sich also um Land in unmittelbarer Nähe einer der vier großen Städte, und zwar sind die gekauften Grundstücke im allgemeinen unter 100 Acker groß; nur 3 in Auckland, 1 in Wellington und 1 in Canterbury haben eine Fläche von über 100 Acker.

Die Vergebung der Arbeiterheimstätten. — Die gekauften Landstücke werden in Stellen von $\frac{1}{2}$ bis 3, später 5 Acker eingeteilt, wenn nötig noch mit Wegen usw. versehen und dann entsprechend dem bei den sonstigen Pachtgütern üblichen Verfahren verpachtet. Wer sich um eine Arbeiterheimstätte bewerben will, darf nicht in irgendeiner Form $\frac{1}{8}$ Acker Stadt- oder Vorstadtland oder 50 Acker rural land besitzen. Er muß ferner ein „Arbeiter" (worker) sein. Was unter einem solchen zu verstehen ist, bestimmt eine Verordnung vom 4. Februar 1897: „Ein Arbeiter ist jede männliche oder weibliche Person über 21 Jahre, die in irgendeiner Form von Hand-, Büro- oder sonstiger Arbeit[2]) gegen

---

[1]) Seit 1905 gibt es noch eine andere Form von Arbeiterheimstätten (Workers' Dwellings) nach einem besonderen Gesetz von 1905, die also mit der Ansiedlungsgesetzgebung nichts zu tun haben. Die Regierung darf in boroughs oder in einem Umkreis von 15 Meilen hiervon Grundstücke, im Notfall zwangsweise erwerben; auf diesen werden dann von der Regierung Häuser errichtet im Werte von £ 350 bis £ 400. Die Größe einer solchen Heimstätte ist höchstens 1 Acker. Sie werden nur an „workers" verpachtet, oder auf Abschlagszahlung verkauft. Workers sind Leute, deren Jahreseinkommen £ 156 nicht übersteigt. Im Falle der Verpachtung beträgt die Pacht 5%. Sie ist entweder für 1 Woche oder 50 Jahre mit dem Recht der Wiedererneuerung. Wohnpflicht ist obligatorisch.

[2]) . . . who is engaged in any form of manual, clerical or other work.

Entgelt beschäftigt ist und deren bewegliches und unbewegliches Eigentum die Summe von £ 150 nicht übersteigt." Unter diese Definition kann man so ziemlich alle Berufe bringen; der Hauptwert ist darauf gelegt, daß es sich um bedürftige Personen handelt, denen eben das Gesetz eine gesunde Heimstätte geben will, also dasselbe, was die gegenwärtige Erbbaurechtsbewegung bei uns bezweckt.

Auch hier hatte der Board die Auswahl der Ansiedler vollkommen in der Hand. Jeder, der eine solche Heimstätte erwerben will, muß dem Board nachweisen, 1. daß er ein „Arbeiter" im Sinne jener Verordnung sei, 2. daß er die nötigen Mittel besitze, um ein wohnliches Haus (suitable house) für sich und seine Familie zu errichten, um das Land einzuzäunen und zu kultivieren und 3. daß er würdig sei, eine solche Heimstätte zu erhalten[1]). Die Vergebung geschieht dann wie bei den übrigen Pachtgütern. Auch der Inhalt des Pachtvertrags ist entsprechend. Nur sind die Verbesserungen anders geregelt: Der Besitzer muß im 1. Jahre ein Wohnhaus im Werte von mindestens £ 30 errichten, im 2. Jahre muß er sein Grundstück einzäunen und im 3. Jahre muß ¼ des Grundstücks als Garten oder sonstwie bewirtschaftet werden (Gartenpachtgüter)[2]).

Die ersten Erfolge oder vielmehr Mißerfolge dieses Systems zeigten sich in Canterbury, wo ja die ersten Arbeiterheimstätten eingerichtet wurden. Bei dem Ankauf von Land zu solchen Heimstätten treffen die für den Erwerb von Ansiedelungsland im allgemeinen erwähnten Gesichtspunkte auch zu. Die Qualität des von dem Staat gekauften Landes war meistens bis auf zwei Käufe in Canterbury gut. Ganz besonders aber mußte die Regierung ihr Augenmerk darauf richten, daß für Arbeiterheimstätten nur solches Land erworben wurde, das entweder in nächster Nähe der Stadt oder des Ortes (borough) lag, oder wenigstens mit guter Verbindung durch Bahnen dorthin ausgestattet war. Letzteren Gesichtspunkt hat die Regierung bei den ersten Landkäufen um Christchurch außer acht gelassen[3]). Ebenso hat sie sich wiederum in Canterbury nicht immer in genügendem Maße von der Nachfrage nach Land für Arbeiterheimstätten leiten lassen. Sie kam bei Christchurch im allgemeinen zu spät, da private Initiative bereits „in erheblichem Maße dem Bedürfnis der Arbeiter nach billiger und gesunder Wohngelegenheit

---

[1]) ... that he is a deserving and suitable person.
[2]) Diese Bestimmungen erscheinen bei den hohen Löhnen in Neuseeland nicht übermäßig.
[3]) 1897 C-1, S. 24.

entgegengekommen war"[1]). Der Besitz einer solchen Heimstätte mußte also da, wo die erwähnten Mängel zutrafen, nicht besonders erstrebenswert erscheinen. Wo — wie es bei Christchurch im allgemeinen der Fall war — sich keine Arbeitsgelegenheit in unmittelbarer Nähe fand, da dauerte es sehr lange, bis die Stellen besiedelt wurden. Bei den späteren Landkäufen, nicht nur in Canterbury, wurden diese zuerst gemachten Fehler vermieden, und diese Heimstätten daher schneller besiedelt.

Die Arbeiter[2]) bezeichneten diese Stellen auch oft als zu klein. Sie wollten nicht nur ein Haus mit einem kleinen Garten pachten, sondern sie wollten einen landwirtschaftlichen Parzellenbesitz erwerben, da es sonst nicht die Mühe wert sei, so weit vor die Stadt zu fahren[3]). Als Grund für diese Erscheinung gibt der Kronlandskommissar für Canterbury 1900[4]) an: Diejenigen, die eine Parzelle in der unmittelbaren Nähe der Stadt von ½ bis 2 Acker Größe suchten, zögen es im allgemeinen vor zu warten, bis sie in der Lage wären sich eine solche zu kaufen. Es zeigt sich also hier, was bei den übrigen Pachtgütern äußerlich noch nicht zu bemerken war, daß das Streben, Eigentum statt Pachtbesitz zu erwerben, die Arbeiterheimstätten zum großen Teil lahm legte. Öfters kam es allerdings vor, daß jene kleinsten Stellen besetzt wurden, aber sie wurden auch oft verlassen und lagen dann brach[5]), so daß sie später zum großen Teil zusammengelegt wurden[6]). Dann wurden sie auch eher verpachtet. Diejenigen, die als landwirtschaftliche Zwergbetriebe benutzt werden konnten, wurden schneller besetzt, und denen kam auch das Ans.-Ges. 1900 entgegen, indem es die Maximalgröße der Arbeiterpachtgüter auf 5 Acker heraufsetzte.

In Canterbury waren 1908 von 499 Ackern 431 besetzt. Ähnlich wie in Canterbury ging es auch in Auckland. Die Regierung hatte hier bei dem Ankauf zwar besonders darauf geachtet, daß das Land in unmittelbarer Nähe der Bahn lag (Vororte von Auckland), wo regelmäßig Arbeiterzüge verkehrten[7]), aber auch das nützte hier nichts. Noch 1908 war nur ⅓ der 1903 gekauften Grundstücke verpachtet.

---

[1]) Ebenda.
[2]) Bei Christchurch und später auch in Auckland scheint es sich um Industriearbeiter gehandelt zu haben. Die Berichte C-1 machen keine genauen Angaben, sie erwähnen nur allgemein „workers".
[3]) 1900 C-1, S. 23.
[4]) 1900 C-1, S. 23.
[5]) 1900 C-1, S. 23.
[6]) 1903 C-1, S. 51.
[7]) 1903 C-1, S. 6.

Erfolg hatten die Arbeiterheimstätten eigentlich nur in Wellington. Hier handelt es sich eben zum großen Teil um landwirtschaftliche Zwergbetriebe; aber auch die kleinen Parzellen von ½ bis 3 Acker Größe fanden schnell Abnehmer. Sie liegen unmittelbar am Rande des Lower Hutt Borough bei Wellington (4000 Einwohner), gehören also unmittelbar zu einer Kleinstadt und wurden von dort wohnenden Handwerkern rasch besiedelt[1]).

Der landwirtschaftliche Betrieb der Arbeiterheimstätten ist Gartenbau, teilweise zum Verkauf (market gardening). In Wellington findet sich auf ihnen sogar ein kleiner Bestand von Schafen und Kühen. Die landwirtschaftlichen Zwergbetriebe sind von gutem Erfolg begleitet, auch da, wo nicht für den Verkauf produziert wird[2]).

Von Otago fehlen bisher Angaben.

Bis 1908 (letzte Statistik) waren als Arbeiterheimstätten 375 Stellen vergeben worden (198 in Canterbury, 42 in Wellington und 135 in Auckland). Die Zahl der Häuser auf diesen betrug 320. Die Bevölkerung im ganzen 1239 Köpfe.

Die Arbeiterkolonien haben also keine weite Verbreitung gefunden. Ihren ersten Zweck, Arbeitern billige kleine Wohnstätte zu geben, haben sie im allgemeinen nicht erreicht, da die Arbeiter Eigenbesitz vorzogen. Einen Erfolg hatten sie eigentlich nur in Wellington.

e) Die finanziellen Ergebnisse der Ansiedelungspolitik.

Die für den Rückkauf von Land durch den Staat und für dessen Bereitstellung zur Besiedelung erforderlichen Geldmittel werden durch Anleihen beschafft, und zwar sind hierbei zwei Formen möglich:

1. Vor 1900 sollten die Anleihen der Form nach nur in debentures bestehen (Obligationen). Der Zinsfuß durfte nach dem Ans.-Ges. 1892 (Art. 8) 5%, seit 1894 (Art. 24) 4% nicht übersteigen. Seit 1908 (Art. 40) ist der Maximalzinsfuß wieder auf 4½% festgesetzt. Die Umlaufszeit dieser debentures soll 40 Jahre nicht überschreiten; sie können aber früher zurückbezahlt werden.

2. Seit 1900 (Ans.-Ges. Art. 32) tritt neben diese debentures auch die Buchschuld (Inscribed Stock)[3]). Diese zweite Form hat bis jetzt

---

[1]) Es ist dies zugleich auch ein Beweis dafür, daß es nicht die hohe Pacht war, die die Besiedelung der Heimstätten in Canterbury und Auckland verhinderte. Denn die Heimstätten in Wellington sind die teuersten von allen. Vgl. Tabelle S. 112.

[2]) 1901 C-1, S. 26 (Canterbury), S. 31 (Wellington).

[3]) Diese Art Buchschuld besteht in Neuseeland seit 1873. Sie ist mündelsicher. Vgl. hierzu auch Schilling, London als Anleihemarkt der englischen Kolonien, S. 47.

(1909) bei der Aufnahme von Anleihen für Ansiedelungszwecke nicht Anwendung gefunden.

Die Anleihen für die Ansiedelungspolitik wurden nun vorzugsweise — bis 1898 ausnahmslos —[1]) in Neuseeland selbst untergebracht[2]), und zwar regelmäßig auf dem Wege der Subskription. Von 1899 ab wurden auch in Australien solche Anleihen emittiert; aber der Londoner Markt scheint im allgemeinen nicht in Anspruch genommen worden zu sein[3]).

Bis 1898 waren für die Zwecke der Ansiedelungsgesetze insgesamt £ 643 956 vom Staate geborgt worden, wovon £ 45 276 zu 4½ %, £ 134 100 zu 4 % und das meiste, nämlich £ 455 990 zu 3½ %[4]). Einzelheiten über die Emission der Anleihen in Neuseeland und Australien konnte ich nicht in Erfahrung bringen. In Neuseeland stammte das Geld vor 1898 großenteils von kleinen Sparern[5]). An welchen Plätzen seit 1899, ob in Australien oder sonst für Ansiedelungszwecke Anleihen emittiert worden sind, kann nach dem mir erreichbar gewesenen Material nicht festgestellt werden. Der einzige mir zugänglich gewesene Bericht ist aus dem Jahre 1906[6]). Aus ihm ergiebt sich, daß damals von den Anleihen von £ 511 225, die in diesem Jahre auf Grund der Ansiedelungsgesetze aufgenommen wurden, £ 272 500, d. h. 53 % in Neuseeland selbst untergebracht wurden. Wenn auch ein einzelner Bericht selbstverständlich nicht verallgemeinert werden darf, so finden sich doch Hinweise dafür, daß Neuseeland tatsächlich die Geldmittel für die Ansiedelungspolitik zum größten Teil selbst aufgebracht hat.

---

[1]) Vgl. Finanzberichte B-10, 1892—99.

[2]) Schon der Finanzbericht Seddons von 1894 (B-6) hatte darauf hingewiesen, daß das Vermögen Neuseelands schon damals so groß sei, daß es nutzbringend angewendet werden könne und müsse. Mit Rücksicht darauf, daß so viele Vermögen vorhanden seien, die nur auf eine Gelegenheit warteten, nutzbringend angewendet zu werden, verlangt Seddon ebenda, daß der Maximalzinsfuß der debentures von 5 % auf 4 % herabgesetzt werde, wie es im Ans.-Ges. 1894 auch geschehen ist.

[3]) 1904 wurde allerdings in London eine 4prozentige neuseeländische Anleihe von £ 1 Million (die einzige neuseeländische debentures-Anleihe in London seit Beginn der Ansiedelungspolitik) emittiert. Vgl. auch Schilling a. a. O., S. 62. Ob und in welchem Maße diese Anleihe für die Zwecke der Ansiedelungsgesetzgebung Verwendung fand, ließ sich aus dem mit seinerzeit im New Zealand Office in London zur Verfügung gestellten Material nicht ersehen. Auch sonst konnten mir keine Angaben hierüber gemacht werden. Die Anleihe war zu festem Preis zu pari emittiert.

[4]) B-10 1898.

[5]) Ein Bericht „Securities held in the Colony 1898 B-6", gibt für die Anleihen auf Grund der Ans.-Ges. bei den Post Office Savings Banks £ 372 376, d. h. 57 % der Anleihen an. Ebenso weist New Zealand Off. Yearb. 1911, S. 697, auf den Anteil der kleinen Sparer hin.

[6]) Finanzbericht 1906 B-8. Entsprechende Berichte aus anderen Jahren waren mir seinerzeit auf dem New Zealand Office nicht zugänglich.

Bis heute (30. November 1911) beläuft sich die Summe des für die Ansiedelungspolitik geborgten Geldes auf £ 6 303 485, eine ganz außerordentliche Summe für ein verhältnismäßig kleines Land. Der Zinsfuß betrug anfänglich bis 1900 in der Regel, wie erwähnt, weniger als 4%. 1900 z. B. zeigt sich noch folgendes Bild: Von den Ansiedelungsanleihen im Gesamtbetrag von £ 1 536 490 betrug der Zinsfuß bei £ 876 766 d. h. 56% 3½%, bei £ 349 000 (22%) 3¾% und bei dem Rest von £ 356 000 (d. h. 22%) 4%. 1909 dagegen hatten von £ 6 101 000 Anleihen unter den Ansiedelungsgesetzen £ 3 083 650 d. h. etwa die Hälfte, einen Zinsfuß von 4%. Die debentures haben in der Regel eine Umlaufszeit von 5 bis 10 Jahren, in der letzten Zeit auch bis zu 15 Jahren. Zum Teil sind sie in Inscribed Stock konvertiert worden. Bis jetzt[1]) haben folgende Konversionen stattgefunden:

Debentures	Zinsfuß %	Konvertiert in Inscribed Stock	
		3 %	3 ½ %
250 600	3 ½	600	250 000
611 800	,,	68 565	543 232

Die Konversionen erfolgten zu einem Kurs von 102 bis 110. Von der Schuld sind bisher £ 8690 getilgt worden. Seit 1908 (Ans.-Ges. 1908 Art. 43) ist aber für die Schuld aus der Ansiedelungspolitik ein Tilgungsfonds (Sinking Fund) eingerichtet, in dem alljährlich 1% von der Summe der debentures und des Inscribed Stock von den unter den Ansiedelungsgesetzen aufgenommenen Anleihen fließt (bis 1911 £ 221 372).

Wenn die neuseeländische Regierung den Londoner Markt für die Ansiedelungspolitik im allgemeinen nicht in Anspruch nahm, so ist dies zum großen Teil darauf zurückzuführen, daß ihre Einnahmen schon so groß waren, daß sie den Londoner Markt nicht brauchte (vgl. den erwähnten Finanzbericht Seddons von 1894)[2]). Ob der Grund, weshalb Neuseeland sich in den letzten zwei Jahrzehnten so selten an den Londoner Markt wandte, nur der war, daß es seine Anleihen ohne Mühe in Neuseeland selbst oder in Australien unterbringen konnte, oder ob eine gewisse Zurückhaltung des Londoner Marktes die Ursache hierfür

---

[1]) 1909 Finanzbericht B-18.
[2]) Ebenda weist Seddon ferner darauf hin, daß auch die kleinen Sparer vielfach ihr Geld in Staatspapieren anzulegen trachteten; wenn ihnen hierzu Gelegenheit gegeben werde, dann würden sie sicher in weitem Maße davon Gebrauch machen. — Die Erfahrungen haben die Richtigkeit dieser Behauptung bewiesen, Anm. 5, S. 116. Vgl. auch New Zealand Off. Yearb. 1911 S. 697; ebenso vgl. auch Schilling a. a. O., S. 59.

war, muß dahingestellt bleiben[1]). 1903 wies Seddon in seinem Finanzberichte darauf hin, daß die Kurse der kolonialen Werte am Londoner Markt allgemein außerordentlich tief wären. Es sei daher nötig, so wenig Geld wie möglich außerhalb der Kolonie zu borgen. 1904[2]) wurde, nachdem die Kurse am Londoner Markt wieder gestiegen waren, die erwähnte (vgl. S. 116 Anm. 3) debentures-Anleihe von £ 1 Million in London emittiert zu einem Zinsfuß von 4%, d. h. zu demselben Zinsfuß, wie die meisten Anleihen Neuseelands in diesen Jahren. Das Geld war also in London keineswegs billiger als in Neuseeland oder Australien. Der Zinsfuß kann daher nicht als Ursache dafür gelten, daß Neuseeland den Londoner Markt hätte in Anspruch nehmen wollen. Seither nahm denn auch die Kolonie in London keine Anleihen mehr auf. Es war das Ziel Seddons, worauf er immer wieder in seinen Finanzberichten hinwies, daß die Kosten für die Ansiedelungspolitik, wie auch für die Kolonisierung überhaupt, in erster Linie von Neuseeland selbst getragen werden müßten. Und dieses Ziel hat er auch offenbar in bedeutendem Maße erreicht, wie der abnehmende Prozentsatz englischer Investierungen in Neuseeland beweist[3]). Es ist deshalb im allgemeinen wahrscheinlich,

---

[1]) Nach dem Finanzbericht Seddons vom Jahre 1903 könnte man darauf schließen, daß zum Teil letztere Ursache vorgelegen hat, zumal wenn man berücksichtigt, daß im folgenden Jahre eine neuseeländische Anleihe ausnahmsweise in London emittiert wurde. Seddon sagt dort in bezug auf die Tatsache, daß die Kurse der neuseeländischen Staatspapiere in London schlecht seien: „Der beste Weg, unsere Stellung zu verbessern, ist kolonisatorische Ausgaben in vernünftigen Grenzen zu halten, die strengste Sparsamkeit zu verfolgen und so wenig Geld als möglich außerhalb der Kolonie zu suchen ... Es ist viel besser, daß die Vollendung einer unserer Eisenbahnen verzögert werde, als daß wir für je £ 100 debentures nur £ 91 15 Shilling bekommen." Ähnliche Ausführungen finden sich in keinem früheren oder späteren Finanzberichte. Wenn demnach 1903 eine gewisse Schwierigkeit bestanden haben sollte, Anleihen in Neuseeland oder Australien unterzubringen, so finden sich keine Hinweise dafür, daß dies auch in sonstigen Jahren der Fall gewesen wäre.

[2]) Finanzbericht 1904 (Seddon): „The London market is easier then last year." Vgl. auch Schilling a. a. O., S. 59 und 70.

[3]) Coghlan, der Agent General von Neu-Süd-Wales, berechnet, daß 1891 £ 20½ Mill. britisches Kapital in Neuseeland investiert waren, 1905 aber nur noch £ 9½ Mill., also ein Rückgang um mehr als 50% (zitiert im Finanzbericht 1905 B-6). Das britische Kapital wandert also aus Neuseeland aus, trotzdem hebt sich der Wohlstand der Kolonie. Daß Neuseeland in hohem Maße zum „Verlaß auf sich selbst" (Self reliance), was 1891 als das Finanzprogramm der progressiven Partei aufgestellt wurde, übergegangen ist, betont das New Zealand Off. Yearb. 1911 auf Grund einer dort S. 697 mitgeteilten Statistik, die zeigt, daß die Anleihen Neuseelands trotz der dauernd steigenden kolonisatorischen Aufgaben in immer steigendem Maße in Neuseeland untergebracht zu werden beginnen. Von allen Staatsanleihen waren emittiert:

	1902	1911
in London	87,66%	76,74%
in Neuseeland	12,00%	18,06%
in Australien	0,34%	5,20%

daß die Ursache, weshalb Neuseeland in den letzten zwei Jahrzehnten seine Anleihen nicht am Londoner Markt unterbrachte, ist, daß es diesen nicht brauchte. Nach den gemachten Mitteilungen und nach der Tendenz der ganzen Finanzpolitik der progressiven Regierung ist es ferner wahrscheinlich, daß Neuseeland die Kosten seiner Ansiedelungspolitik zum größten Teile selbst getragen hat. Anzeichen dafür, daß er der Kolonie Mühe gemacht hätte, die hierfür nötigen Summen aufzubringen, finden sich, abgesehen von dem Finanzbericht 1903, nirgends, so daß es nicht auf finanzielle Schwierigkeiten zurückzuführen ist, wenn der Jahreskredit für die Ansiedelungspolitik nicht erschöpft wurde.

Für die Ansiedelungspolitik wurde ein besonderer Account gebildet (Land for Settlements Account), auf den alle Einnahmen (Anleihen, Pachtgelder usw.) und alle Ausgaben, z. B. für Ankauf des Landes usw., namentlich auch die Zinsen der Anleihen verrechnet werden. Bei diesem Account hat sich bisher immer ein Überschuß ergeben[1]). In diesen Account fließen die Anleihen, die Vorschüsse, die eventuell von dem Staat gegeben werden, ferner alle Pachtgelder. Bezahlt werden hieraus die Kaufsummen, die Ausgaben für Wegebau usw., die Zinsen der Anleihen und die jährlich an den Tilgungsfonds zu zahlenden Summen (vgl. z. B. New Zealand Off. Yearb. 1911, S. 677).

---

[1]) Der Überschuß betrug:

1894	2 209 £	1903	38 352 £
1895	554 £	1904	93 069 £
1896	1 357 £	1905	379 097 £
1897	3 571 £	1906	3 508 £
1898	8 689 £	1907	249 320 £
1898	8 689 £	1907	249 320 £
1899	27 552 £	1908	89 645 £
1900	53 381 £	1909	20 504 £
1901	92 091 £	1910	202 497 £
1902	32 070 £	1911	53 398 £

IV. Die Volkswirtschaft Neuseelands und die Ansiedelungspolitik. — Die neueste Wendung der Landgesetzgebung.

Die Ansiedelungspolitik hat in zwei Jahrzehnten mit ihren Kosten von rund £ 6 Millionen, die großenteils von Neuseeland selbst getragen wurden, rund 1¼ Millionen Acker erworben und hierauf bis heute 4443 Pachtgüter, Parzellen, Klein- und Mittelsiedelungen, ferner noch 115 small grazing runs geschaffen und diese mit bona-fide-Siedlern besetzt. Auf diesen Pachtgütern hat sich namentlich die Molkereiwirtschaft und die Aufzucht von Schafen zum Gefrierfleischexport ausgedehnt, und neben diesen Erwerbszweigen wird der Ackerbau zum Eigenbedarf betrieben. Für diese Ergebnisse ist die Staatsschuld Neuseelands um rund £ 6 Millionen vermehrt worden.

In derselben Zeit hat die Besiedlung Neuseelands nach den Jahresberichten des Landdepartements (C-I) auf dem übrigen Kronland (rural land) folgende Fortschritte gemacht: Es sind im ganzen 20 543 Stellen mit einer Fläche von 4 357 802 Acker vergeben worden, und zwar als:

Form	Stellen	%	Fläche (Acker)	%
Erbpacht (Lease in perpetuity)	5 177	25	1 517 336	34
Renewable lease	1 059	5	286 177	6
Occupation with right of purchase	6 086	29	1 979 454	45
Eigentum [1]	8 221	41	574 835	15
	20 543	100	4 357 802	100

Auch auf dieser Fläche handelt es sich nur um bona-fide-Siedelungen[2]. Rechnet man die Pachtgüter auf Ansiedelungsland hinzu, so vershiebt

---

[1]) Einschließlich suburban land.

[2]) Dies kann hier nicht im einzelnen ausgeführt werden. Ich muß mich beschränken, auf die alljährlichen Berichte des Landdepartements (C-I) hinzuweisen, die allgemein angeben, daß es sich auf dem seit 1898 vergebenen Kronlande um bona-fide-Siedelung handelt.

sich das Bild etwas zugunsten der Erbpacht und der renewable lease. Die entsprechenden Zahlen sind dann die folgenden:[1])

Form	Stellen	%	Fläche (Acker)	%
Erbpacht (Lease in perpetuity)	8 768	31	2 179 461	41
Renewable lease	1 911	7	452 633	8
Occupation with right of purchase	6 086	24	1 979 454	37
Eigentum	8 221	38	574 983	14
	24 986	100	5 186 383	100

Es zeigt sich, daß trotz der außerordentlichen gesetzlichen Bevorzugung der Erbpacht vor den anderen Besitzformen, und trotz der Ansiedelungspolitik, wo sie ja bis 1908 die einzige Besitzform war, die Staatspacht[2]) doch nur wenig mehr als ein Drittel des der seit 1891 vergebenen Stellen und der Fläche Kronlands eroberte, und daß sie dieses Resultat zum großen Teil nur der Ansiedelungspolitik verdankt[3]). Das Streben der meisten Ansiedler, etwa zwei Drittel der ganzen Zahl seit 1891, ging auf ein Landgut zu Eigentum, und so wandten sie sich dem Kauf oder der occupation with right of purchase, die ja auch nur eine Form des Eigentumserwerbes[4]) ist, zu. Die Durchschnittsgröße der unter den einzelnen Besitzformen vergebenen Stellen ist:

Bei dem gekauften Lande (einschließlich suburban land) 69 Acker,
Bei der occupation with right of purchase . . . . 325 ,,
Bei der Erbpacht . . . . 272 ,,
Bei der renewable lease . . . . 270 ,,

Es scheint sich also im allgemeinen um landwirtschaftliche Mittelbetriebe zu handeln. Der Anteil der Ansiedelungspolitik an der seit 1891 besetzten Fläche Kronland beträgt von der Zahl der seither neugeschaffenen Stellen ebenso wie von deren Fläche 17%, also rund $1/6$[5]).

Die zweite Frage, die sich erhebt, ist die, welchen Einfluß die Ansiedelungspolitik auf die Größenverhältnisse der landwirtschaftlichen

---

[1]) Die an Zahl und Fläche unbedeutenden village settlements bleiben hier außer Ansatz.

[2]) Unter Staatspacht wird hier auch die renewable lease eingerechnet, bei der ja auch Privateigentum ausgeschlossen war.

[3]) Erbpacht und renewable lease.

[4]) Von dem unter dem System der occupation with right of purchase gepachteten Stellen sind 977 (16%) mit 256036 Acker Fläche zu Eigentum geworden (1911 C-1).

[5]) Zahl der Stellen auf Ansiedlungsland 4 443
Zahl der Stellen auf Kronland überhaupt 24 986
Fläche des Ansiedlungslandes (Acker) 928 581
Fläche des Kronlandes (Acker) 5 186 383

Betriebe gehabt, namentlich, ob und inwieweit sie auf Zahl und Fläche der Latifundien eingewirkt hat, zu deren Zerstörung sie ja auch ein Mittel sein, und an deren Stelle sie closer settlement setzen sollte. Eine Statistik ähnlich der für 1891 mitgeteilten über das Verhältnis der einzelnen Größenklassen der landwirtschaftlichen Betriebe mit Ausschluß der Weidepachten gibt es für die Folge nicht, so daß also die Ergebnisse der einzelnen Statistiken nicht miteinander verglichen werden können[1]). Für die kleinen Mittelbetriebe bis 1000 Acker Größe genügt im allgemeinen die neuere Form der Statistik, die die Weidepachten einschließt, da in diesen Betrieben pastoral runs gar nicht, und small grazing runs kaum enthalten sind. Für die Größenklasse 1000—5000 Acker können allerdings Angaben nicht gemacht werden. Die Verminderung der Großbetriebe, als deren untere Grenze wir 5000 Acker wie 1891 annehmen, kann dagegen zahlenmäßig dargestellt werden, da es für das in Privateigentum stehende Land eine Statistik gibt. Wie groß der Anteil der Ansiedelungspolitik an den Veränderungen der einzelnen Größenklassen ist, kann nicht gesagt werden. Er kann nur allgemein für die drei Kategorien Parzellen-, Klein- und Mittelbetriebe berechnet werden, und hier beträgt er eben rund $1/_6$[2]), wie oben berechnet ist. Eine Übersicht, wie sich die Veränderung der Latifundienfläche seit 1891 gestaltet hat, giebt folgende Tabelle:

Größenklasse (Acker)	1891		1911		Veränderung			%
	Zahl	Fläche (Acker)	Zahl	Fläche (Acker)	Zahl	%	Fläche (Acker)	
5 000— 10 000	247	1 768 799	306	2 113 081	+ 59	23	+ 344 282[2])	19
10 000— 20 000	189	2 699 403	121	1 661 381	— 68	36	— 1 038 022	38
20 000— 50 000	117	3 340 931	39	1 080 934	— 78	66	— 2 259 997	67
50 000—100 000	24	1 524 647	11	727 156	— 13	54	— 797 991	51
100 000 u. mehr	7	1 077 840	—	—	— 7	100	— 1 077 840	100
5 000 u. mehr	584	10 311 620	477	5 582 552	—107	18	— 4 729 068	45

Den Anteil der Landrückkäufe auf Grund der Ansiedelungsgesetze an diesen Veränderungen zeigt die folgende Tabelle:

---

[1]) Andererseits gibt es für 1891 keine Statistik mit Einschluß der Weidepachten.
[2]) Die Zunahme der Güter von 5000—10000 Acker Größe dürfte auf Zerstückelung der größten Güter zurückzuführen sein.

Größenklasse (Acker)	Veränderung		Hiervon kommen auf Ansiedlungsland			
	Zahl	Fläche	Zahl	%	Fläche	%
5 000— 10 000	+ 59	+ 2 113 081	— 29	—	— 200 785	—
10 000— 20 000	— 68	— 1 038 022	21	31	291 223	28
20 000— 50 000	— 78	— 2 259 997	11	14	383 134	12
50 000—100 000	— 13	— 797 491	1	7	50 528	6
100 000 u. mehr	— 7	— 1 077 840	1	14	159 373	14
Zusammen ohne Klasse 5 000—10 000	— 166	— 5 173 350	34	20	884 258	17

Bei den Gütern von 5000—10000 Acker Größe zeigt sich also ein Wachsen an Zahl und Fläche trotz der Rückkäufe unter den Ansiedelungsgesetzen, und bei den Gütern über 10000 Acker ist der Anteil der Ansiedelungspolitik an dem Rückgang von deren Fläche nur gering, etwa $^1/_6$. Die Verminderung der Latifundienfläche ist also hauptsächlich auf Verkauf an Private zurückzuführen.

Was hat nun die Großgrundbesitzer zum Verkaufe veranlaßt? — Allgemeine Veränderungen in der Volkswirtschaft Neuseelands sind es nicht gewesen. Die Latifundien wurden auch in den letzten zwei Jahrzehnten, wenn sie überhaupt zu etwas benutzt wurden, als Schafweide verwendet, und zwar in erster Linie zum Zweck der Wollproduktion. Allerdings hat sich seit 1891 — worauf bereits hingewiesen wurde — die Zahl der größten Herden vermindert. Auch ist die Zahl der Schafe pro Kopf der landwirtschaftlichen Bevölkerung von 256 im Jahre 1891 auf 207 im Jahre 1910 gesunken. Indessen können diese Zahlen nicht beweisen, daß die Schafzucht an Bedeutung verloren, insbesondere die Wollproduktion unrentabler geworden sei. Ob erstere Erscheinung allein darauf beruht, daß die Produktion von Gefrierfleisch rentabler erschien als diejenige der Wolle, oder ob sie die Folge der Zerstörung des Großgrundbesitzes war, die eine Zerstückelung der größten Schafherden mit sich gebracht hätte, muß dahingestellt bleiben. Der Rückgang der Zahl der Schafe pro Kopf der landwirtschaftlichen Bevölkerung ist aber vor allem dadurch zu erklären, daß jährlich Tausende von Schafen als Gefrierfleisch exportiert werden, während früher der natürliche Zuwachs der Herden der Kolonie zum größten Teil erhalten blieb. Die zum Gefrierfleischexport verwendeten Herden bleiben also in der Zunahme der Zahl hinter den Wollschafherden zurück. Hieraus erklärt sich in erster Linie, daß die Zahl der Schafe mit dem Wachsen der landwirtschaftlichen Bevölkerung nicht Schritt gehalten hat. Ferner ist zu berücksichtigen, daß auf dem großen seit 1891 neuerschlossenen Gebiete Auckland, neuerdings auch Nelson, die Schafzucht geringere Bedeutung als in den sonstigen Gebieten Neuseelands hat. Folgende Tatsachen sprechen dafür, daß die Wollproduktion heute noch ebenso rentiert wie früher. Die Wollpreise stiegen wie alle anderen Preise auch[1]). Die Wollproduktion ist in den letzten 2 Jahrzehnten auch dauernd gestiegen, ja sie hat sich seit 1891 beinahe verdoppelt[2]). Auch der Wollexport ist seit 1891 dauernd gestiegen und übertrifft heute noch mehr als das Doppelte den Export an Gefrierfleisch, wenn auch sein Anteil am Gesamtexport gegen früher zugunsten des Gefrierfleischexportes gesunken ist.

Jahr	Wollexport £	% des Gesamt- exports	Gefrier- fleisch- export £	% des Gesamt- exports	Ausfuhr aus Schafzucht £	% des Gesamt- exports
1891	4 129 686	43	1 194 724	12	5 324 410	55
1910	9 308 410	38	3 850 777	17	12 159 180	55

Von einer abnehmenden Rentabilität der fast ausschließlich eben zur Wollproduktion benutzten Großbetriebe in der Landwirtschaft kann daher keine Rede sein. Wenn aber allgemeine ökonomische Ursachen die Verminderung der Latifundienflächen nicht zu erklären vermögen, so bleibt als alleinige Ursache für diese Erscheinung die Grundsteuergesetzgebung übrig. Und auf diese führt auch das New Zealand Official Yearbook[3]) die Abnahme der Latifundien in erster Linie zurück. Wenn auf die Ansiedelungsgesetzgebung etwa $1/6$ des Rückgangs der Latifundien zu rechnen ist, so ist die Grundsteuergesetzgebung als deren Hauptursache anzusehen[4]).

---

[1]) New Zealand Off. Yearb. 1910, S. 506, gibt den Durchschnittspreis pro Ballen Wolle an auf:

    £ 11   im Jahre 1895
    £ 13½   ,, ,, 1900
    £ 15¾   ,, ,, 1900
    £ 15   ,, ,, 1910

[2]) Die Wollproduktion betrug in Neuseeland nach New Zealand Off. Yearb 1910, S. 335:

    1891   111 537 546 lb.
    1895   132 632 901 ,,
    1900   148 752 907 ,,
    1905   150 541 110 ,,
    1910   200 115 047 ,,

[3]) Z. B. New Zealand Off. Yearb. 1910, S. 497.

[4]) Die Zunahme der Güter von 5000 bis 1000 Acker Größe dürfte daher auf die Zerstückelung der größten Güter zurückzuführen sein. Vgl. Anm. 2, S. 122.

Die Weidewirtschaft, namentlich die Schafzucht, hat heute noch dieselbe dominierende Stellung wie 1891. Das zeigt die Anbaustatistik (vgl. Tabelle S. 143/144). Noch heute (1911) findet weitaus das meiste Land als Weide Verwendung. Von der ganzen in Anbau genommenen Fläche waren 1911 nicht weniger als 80%, d. h. ein fast ebenso großer Prozentsatz als 1891, Weide. Zum Ackerbau werden nur 10% der landwirtschaftlich benutzten Fläche gebraucht; die entsprechende Zahl war 1891 15,1%! Wie 1891 war aber der größte Teil der Getreidefläche in Canterbury und Otago[1]), nämlich 79%, d. h. $^4/_5$, gegen 85% im Jahre 1891[2]). Das closer settlement hat also zwar die Wirkung gehabt, daß der Anbau sich auch in anderen Distrikten ausgedehnt hat, im allgemeinen aber hat sich aber auch während der closer settlement-Bewegung die Bedeutung der Weidewirtschaft noch erhöht. Der Anteil des Ansiedlungslandes an der Getreidefläche kann nicht bestimmt werden. Jedenfalls aber haben die Pachtgüter, da auf den meisten von ihnen die Weidewirtschaft vorherrscht, nicht einen bedeutenderen Anteil an der Getreideoberfläche der Kolonie, als ihrer Fläche im Verhältnis zu der dem closer settlement nutzbar gemachten Fläche überhaupt entspricht. Die Pachtgüter haben sich ja auch in ihrer Wirtschaftsweise in nichts von der der entsprechenden Größenklasse der übrigen landwirtschaftlichen Betriebe unterschieden. Einen Aufschluß darüber, ob die Kolonisationstätigkeit der Pachtgutsbesitzer intensiver war als die der übrigen Kronpächter, könnte eine Statistik über den Wert der Verbesserungen auf Ansiedelungsland und dem übrigen Kronland geben. Indessen fehlt eine solche[3]). — Eine bestimmende Einwirkung der Ansiedelungspolitik auf die Landwirtschaft Neuseelands ist nach dem Gesagten nicht festzustellen.

Sozialpolitische Folgen der Ansiedelungspolitik lassen sich im einzelnen nach dem vorhandenen statistischen Material nicht nachweisen[4]).

---

[1]) Hierzu muß auch noch wie 1891 Southland gerechnet werden.

[2]) Allerdings hat sich die Getreidefläche absolut stark vermehrt, um 703 329 Acker oder 44%. Charakteristisch für die Tabelle ist die große Fläche Kunstgras auf ungepflügtem Boden in der Nordinsel. Hier handelt es sich um erstmalige Kultivierung.

[3]) Es gibt keine Statistik über das Anwachsen des Bodenwertes mit und ohne Verbesserungen bei den einzelnen Größenklassen der landwirtschaftlichen Betriebe, wie 1891, aus der sich Schlüsse auf die Intensität der Bodenkultur ziehen ließen, es giebt nur eine solche für das Anwachsen des Bodenwertes in den einzelnen Grafschaften. Aber aus dieser läßt sich für unsere Zwecke nichts entnehmen, auch nicht für die Grafschaften, in denen größere Komplexe von Ansiedelungsland liegen. Denn diese bilden doch nur einen kleinen Bruchteil der Fläche der betreffenden Grafschaft überhaupt.

[4]) Die Zahl der Pachtgutsbesitzer kann nicht ohne weiteres auf die Zahl der landwirtschaftlichen Bevölkerung verrechnet werden, da ja ein erheblicher Teil der ersteren, wohl die meisten, schon in der Landwirtschaft tätig waren, bevor sie Pachtgutsbesitzer wurden. Auch

Wohl hat das closer settlement als Ganzes solche gehabt, indem es die landwirtschaftliche Bevölkerung wesentlich wachsen ließ. Diese betrug:

Jahr	Bevölkerungszahl Ackerbau	Weidewirtschaft	Zusammen	% der Erwerbstätigen [1]
1891	59 058	9 549	68 607	27,68
1906	69 557	27 400	96 957	24,29

Trotz closer settlement-Bewegung und Ansiedelungspolitik ist also der Anteil der landwirtschaftlichen Bevölkerung an der Zahl der Erwerbstätigen zurückgegangen. Den Platz der landwirtschaftlichen Bevölkerung beginnt die städtische industrielle[2]) einzunehmen; letztere betrug:

1891: 70 521 Personen, d. h. 28,46 % der Erwerbstätigen,
1906: 124 255   ,,   ,, ,, 31,05 %   ,,   ,,

Auch in Neuseeland beginnt also die Industrie breiteren Boden zu gewinnen wie bisher. Dem entspricht auch der hohe Schutzzoll für einige Erwerbszweige, die Neuseeland züchten will[3]). Negativ kann man also sagen, daß die Ansiedelungspolitik ebensowenig wie das closer settlement die prozentuale Abnahme der landwirtschaftlichen Bevölkerung und die Zunahme der städtischen hat hindern können.

Die Staatsschuld Neuseelands ist von 1891 bis 1910 von £ 37 343 308 auf £ 77 688 396, d. h. um £ 40 345 088 oder mehr als das Doppelte (108 %) gestiegen[4]). An dieser Zunahme ist die Ansiedelungspolitik mit £ 6 303 485

---

aus einer landwirtschaftlichen Berufsstatistik ließe sich wahrscheinlich aus demselben Grunde nichts über diese Frage entnehmen. Eine solche war mir übrigens auch erst seit 1906 zugänglich, so daß also keine Vergleichung angestellt werden könnte.

[1]) Erwerbstätige (breadwinners) sind nach der Statistik 1. freie Berufe, 2. Dienstboten, 3. in Industrie oder 4. Handel beschäftigte Personen, 5. Angestellte bei Verkehrsanstalten (Eisenbahnen usw.), 6. Arbeiter aller Arten.

[2]) Hierbei handelt es sich nur um Angestellte in Fabriken, Werkstätten, Handwerker usw., nicht aber um Minen- oder Hafenarbeiter z. B. Diese werden besonders gezählt.

[3]) Als Illustration hierzu erwähne ich folgende Zollsätze: Vom Werte der eingeführten Waren beträgt der Zoll bei Textilwaren, Lederwaren, Glas, Uhren, Metallwaren, Dampfmaschinen 20 %, für Gewebe, Hüte 25 %, für Kleider 40 %.

[4]) Auf den Kopf der europäischen Bevölkerung Neuseelands kommen heute von der Schuld 77 £ 9 d. gegen 59 £ 11 s. 10 d. 1891 (New Zealand Off. Yearb. 1911, S. 694). Von den 40 Millionen Pfund Zunahme kommen auf Eisenbahnen 11, auf Darlehen für Ansiedler 6,9, auf Landrückkäufe unter den Ansiedelungsgesetzen 6,3, auf Darlehen an öffentliche Körperschaften 4,5, auf öffentliche Bauten 3,4, auf Wege, Brücken 1,7, auf militärische Ausgaben 1,1 usw. Das meiste entfällt also auf kolonisatorische Auslagen.

oder 15,6% beteiligt. Rechnet man den Teil der Zunahme der Staatsschuld zusammen, der für die Landbesiedelung verwendet ist, oder in engem Zusammenhang mit ihr steht, so erhält man £ 29 031 426[1]). Der Anteil der Ansiedelungspolitik hieran beträgt 21,6%, also wenig mehr als derjenige an der Ausdehnung des closer settlement seit 1891. Dieses Resultat ist an sich nicht ungünstig, da die finanziellen Aufwendungen für die Ansiedelungspolitik in annähernd gleichem Verhältnis zu deren tatsächlicher Ausdehnung stehen.

Die Ansiedelungspolitik ist heute noch ebenso wie vor 20 Jahren eine Notwendigkeit. Der Landhunger ist noch nicht gestillt, und das Kronland, das seiner Lage und Qualität nach zum closer settlement geeignet ist, ist nicht zahlreich[2]). Die Regierung will deshalb die Ansiedelungspolitik auch ebenso energisch wie bisher fortsetzen[3]). Nur genügen die Ansiedelungsgesetze nicht, um dem starken Bedürfnis nach Land gerecht zu werden. Ihr Anteil an der Besiedelung des Landes seit 1891 ist ja nicht sehr bedeutend. „Deshalb" — äußerte sich der gegenwärtige Landminister Mc Nab in einer Programmrede im November 1906 — „müßte man unter den jetzigen Umständen £ 1 Million pro Jahr ausgeben, wollte man alle Leute, die Land haben wollen, befriedigen[4])." Dies würde aber die Finanzen zu sehr belasten. Aus diesem Grunde macht Mc Nab folgenden Vorschlag: Die Grenze für erlaubtes Grundeigentum überhaupt solle festgesetzt werden. Sie solle bei einem Wert von £ 50000 liegen. Jedem der jetzt ein Gut besitze, das über £ 50000 Wert hat, solle 10 Jahre Zeit gegeben werden, um den Überschuß loszuschlagen. Wenn er es innerhalb dieser Zeit nicht getan habe, dann solle die Regierung die Befugnis erhalten, sein Gut bis auf jenen Wert herab zu enteignen und auf den Markt zu bringen. Dieser radikale

---

[1]) Hierzu rechne ich:

Eisenbahnen	£ 11 022 948
Darlehen an Ansiedler	£ 6 974 935
Ansiedelungspolitik	£ 6 303 485
Wege und Brücken	£ 1 765 251
Kauf von Eingeborenen-Land	£ 915 167
Unkosten bei Aufnahme von Arbeiten usw.	£ 2 049 640
	£ 29 031 426

[2]) Der Premierminister Ward sagt in seinem Finanzbericht 1909: „The demand for land continues unabated, but it must be remembered, that apart from cost the extent of land suitable by quality and position for close settlement is not plentiful." Ebenso die Berichte C-1 alljährlich.

[3]) Im Finanzbericht 1908 sagt Ward: „Das Werk des Ansiedelungsgesetzes begegnet einem großen Bedürfnis und darf in keiner Weise beschränkt werden." Ebenso auch sonst.

[4]) Ich entnehme diese Rede der Evening Post vom 27. November 1906.

Vorschlag ist bisher nicht Gesetz geworden. Vielmehr hat die Regierung auf anderem Wege versucht, ihr Ziel, die Ansiedelungspolitik, weiter zu verfolgen, ohne daß es für den Staat allzu große Kosten verursacht, nämlich durch den Land Settlement Finance Act 1909. Dieser führt uns auf die neueste Wendung, die die neuseeländische Landpolitik überhaupt genommen hat.

Die Landgesetzgebung 1892 hatte die Forderung Mills, kein Land, das jetzt noch im Eigentum des Staates oder von öffentlichen Körperschaften stehe, solle Privateigentum werden können, nicht in ihrer ganzen Schärfe ausgedrückt, sondern nur die Erbpacht, diejenige Besitzform, die das Staatseigentum für die Zukunft am vollkommensten erhielt, besonders anziehend gestaltet. Die Vergebung des Kronlandes in den folgenden 2 Jahrzehnten hatte gezeigt, daß das Publikum die Besitzform des Privateigentums oder der dazu führenden occupation with right of purchase bevorzugte. Dieser Stimmung gab das Landgesetz 1907 nach, das im allgemeinen sonst eine Wiederholung desjenigen von 1892 ist[1]). Es ging nicht so weit, das Staatseigentum an Land für die Zukunft ganz aufzuheben. Neben dem Kauf gegen Barzahlung und der occupation with right of purchase kennt das Landgesetz 1907 noch die an Stelle der jetzt abgeschafften lease in perpetuity getretene renewable lease, bei der auch der Übergang in Privateigentum ausgeschlossen ist. Aber das neue Gesetz gibt dem Besitzer eines Landstücks unter der renewable lease die Möglichkeit, diese Besitzform bis auf einen kleinen Rest dem Eigentum gleich zu machen. Die renewable lease ist eine Pacht auf 66 Jahre, wobei der Pächter nach Ablauf dieser Periode das Recht der Wiedererneuerung der Pacht auf weitere 66 Jahre hat. Nach Ablauf jeder Periode aber wird seine Pachtrente einer Neueinschätzung unterzogen, so daß der Wertzuwachs dem Staate nicht mehr wie bei der Erbpacht verloren geht. Der Pachtzins beträgt ebenfalls 4 %. Bei der renewable lease kann nun der Eigentümer, wie bereits erwähnt, 90 % des Bodenwertes (capital value) abbezahlen, die letzten 10 % aber nicht; diese bleiben immer im Eigentum des Staates. Hat der Pächter in dieser Weise $1/3$ abbezahlt, so ist er von allen weiteren Pachtbedingungen, ausgenommen die Zahlung des Pachtzinses und die Wohnpflicht, befreit.

---

[1]) Eine Änderung lag z. B. in der Festsetzung der Fläche, die eine Person erwerben darf. Ähnlich wie bisher war die Grenze bei 666 bzw. 2000 Acker. Aber bei drittklassigem Lande wurde die Grenze auf 5000 Acker erhöht.

Auf diese Weise behält der Staat noch eine Kontrolle über ihn, insbesondere ist, wie bei aller Staatspacht, die Veräußerung des Pachtstückes von der Genehmigung des Landboard abhängig, wodurch auch bei der renewable lease die Spekulation unmöglich ist. Wie bei der renewable lease kann seit 1907 auch bei der Erbpacht, die für die zukünftige Vergebung von Kronland ja aufgehoben ist, der Besitzer 90 % des Bodenwertes abbezahlen. Die Umwandlung der Erbpacht, ebenso wie die aller anderen Besitzformen in die renewable lease ist zulässig. Hierdurch wie durch die Festsetzung eines geringeren Pachtzinses ist die renewable lease wie einst die Erbpacht 1892 vor den anderen Besitzformen bevorzugt.

Diese renewable lease wurde auch durch das Ansiedelungsgesetz 1908, das im übrigen nur eine Wiederholung der früheren Ansiedlungsgesetze darstellt, zur Besitzform der seither begründeten Pachtgüter gemacht. Nur beträgt, hier — wie erwähnt — der Pachtzins $4\frac{1}{2}$ %, die Periode ist auf 33 Jahre festgesetzt, da es sich bei dem Ansiedelungsland meistens um schon mehr oder weniger verbessertes Land mit besseren Verkehrsverbindungen handelt[1]). Auf auch Ansiedelungsland ist die Umwandlung der Erbpacht in renewable lease zulässig.

In dieser Form ist also jetzt den Pachtgutsbesitzern die Möglichkeit gegeben, wenigstens annähernd das Eigentum ihrer Stellen zu erwerben[2]). Das volle Eigentum wurde die Besitzform des Land Settlement Finance Act 1909, der eine Hilfe für die Ansiedelungspolitik darstellt. Dieses Gesetz hat den Zweck, es Genossenschaften zu ermöglichen, privates Grundeigentum zum Zweck der Verteilung unter die einzelnen Mitglieder zu Eigentum zu erwerben. Das nötige Geld hierzu erhält eine solche Genossenschaft dadurch, daß sie Obligationen (debentures) ausgiebt, die vom Staate garantiert werden. Der Kauf eines Gutes durch eine solche Genossenschaft wird erst rechtswirksam, wenn er auf Empfehlung des Board vom Gouverneur genehmigt wird. Ein so gekauftes Gut muß mindestens 250 Acker groß sein, die einzelnen Stellen darauf 25 bis 200 Acker, sie können aber auch bis zu 500 Acker wachsen, vorausgesetzt, daß der unverbesserte Bodenwert einer solchen Stelle £ 2500 nicht übersteigt. Der Kaufpreis für die einzelnen Stellen, die in das volle Privateigentum der einzelnen Mitglieder übergehen, ist an die Genossenschaft zu bezahlen, der als Sicherheit eine erste Hypothek an jeder einzelnen Stelle bestellt wird. Der Kaufpreis muß innerhalb 20 Jahren

---

[1]) Finanzbericht 1909 (Ward).
[2]) Vgl. oben S. 67.

bezahlt sein zusätzlich ½% vom Werte des Grundstücks für die Verwaltungskosten der Genossenschaft. Die persönlichen Voraussetzungen für den Erwerb eines solchen Gutes sind dieselben wie bei Kronland. Solange noch nicht ⅓ des Kaufpreises bezahlt ist, muß ferner der Erwerber einer solchen Stelle auf dieser wohnen und darf sie nicht veräußern oder verpfänden.

Bis 1911 sind 11 solche Genossenschaften entstanden mit im ganzen 68 Mitgliedern, die eine Fläche von 1953 Acker Größe für £ 132 802 erworben haben. Von diesen waren in

Distrikt	Zahl der Genossenschaften	Fläche (Acker)	Zahl der Mitglieder	Kaufpreis £
Auckland	6	5583	39	58 137
Hawke's Bay	1	670	7	16 630
Wellington	2	1479	11	35 778
Canterbury	2	1421	11	22 257
	11	9153	68	132 802

Nähere Mitteilungen über die bei diesem System gemachten Erfahrungen sind noch nicht gegeben worden. Auch ist ja die Ausdehnung des Systems bisher gering. Nur hat sich der Landboard dahin geäußert, daß der bona-fide-Charakter der Ansiedler nicht zweifelhaft erscheint[1]). Bei diesem neuesten Experiment der Ansiedelungspolitik auf genossenschaftlicher Grundlage handelt es sich nicht um eine Verwirklichung der Pläne O'Connors, da ja die einzelnen Mitglieder das Eigentum ihrer Stellen erhalten. Vielmehr geht auch der Land Settlement Finance Act auf John Stuart Mills Gedanken über innere Kolonisation zurück, der ja auch ganz allgemein die Kooperation bei der inneren Kolonisation empfohlen hatte, ohne indessen auf Einzelheiten einzugehen.

In der Frage der Besitzform bemühte sich also die Regierung, in ihrer neuesten Landgesetzgebung den Wünschen der Farmer nach Eigentum gerecht zu werden. Dieser Wunsch nach Eigentum hatte sich ja vor allem bei der Vergebung des Kronlandes seit 1891 gezeigt; er wurde dauernd von führenden Zeitungen erhoben; er stellt ja auch, wie selbst Mc Nab in der erwähnten Rede zugab, das natürliche Ziel jedes Farmers dar, dem Mc Nab keinen prinzipiellen Widerspruch entgegensetzte. Daß die Regierung 1907 nicht vollen Eigentumserwerb zuließ, hatte damals seine Ursache noch in grundsätzlichen Erwägungen. Der Premierminister

---

[1]) Das Gesetz ist erst seit 1910 in Kraft. Die obigen Angaben sind dem New Zealand Off. Yearb. 1911, S. 497 entnommen.

sagt in seinem Finanzbericht 1907, die Regierung könne das Eigentum jetzt nicht geben wegen Differenzen zwischen den Anhängern des Eigentums selbst. Von diesen wollten die einen den gegenwärtigen Bodenwert, die anderen den bei Besitzantritt abgeschätzten als Kaufpreis bestimmt haben. Auch hätten die Anhänger des Eigentums nicht die Mehrheit. Darum schlägt er Eigentum zu 90 % vor. Dieses sei für ihn die einzig mögliche Form von Privateigentum in der Kolonie, da nur so die berechtigten Interessen des einzelnen wie des Staates gewährt seien.

Aber schon in dem Finanzbericht 1909 sagt er, er habe jetzt keine prinzipiellen Bedenken mehr dagegen, daß in Zukunft das Land, das heute noch nicht Privateigentum ist, zu solchem werde. Er geht also in seinen Plänen über die bei der renewable lease gebotene Möglichkeit des Eigentums zu $^9/_{10}$ hinaus. „Meiner Ansicht nach können die Bedingungen bezüglich der Fläche und ihrer Benutzung wirksam gesichert werden, sogar unter Privateigentum ... und die einzige Frage ist die, was der Besitzer eines dieser Stücke auf 999 Jahre für das Eigentum (fee simple) bezahlen solle[1])."

Die renewable lease war also, wie die Erbpacht, das Ergebnis eines Kompromisses zwischen den Vertretern der Interessen der Allgemeinheit und des einzelnen gewesen, wobei nur der Staat durch die periodische Neueinschätzung der Pacht gegen Verlust gesichert war. Das Eigentum aber war damals noch ausgeschlossen geblieben. Heute findet das Privateigentum bei der Regierung keine grundsätzlichen Gegner mehr. Dieser Teil des Millschen Programms ist von der Regierung — allerdings von der Gesetzgebung noch nicht aufgegeben — worden. Dagegen tritt ein anderer Teil des Bodenreformprogramms Mills immer mehr in den Vordergrund, nämlich derjenige, der sich darauf bezieht, wie das unearned increment dem Staate zugeführt werden könne. Freilich ist das in Neuseeland nicht die einzige Frage, denn in Neuseeland ist die Krone Eigentümerin von weiten Grundflächen, was ja in England nicht mehr der Fall ist. Dort handelt es sich — sagt Ward in seinem Finanzbericht 1909 — nur um eine Frage der Besteuerung, in Neuseeland aber noch um eine Frage der Besiedelung. Deshalb müssen auch Siedelungsbedingungen bestehen bleiben. Heute ist, worauf Ward besonderes Gewicht legt, bei dem unter der renewable lease verpachteten Lande „praktisch

---

[1]) Ward schlägt hierfür folgende Möglichkeiten vor. Jeder soll die Wahl haben zwischen Staatspacht und Eigentum. Wählt er das letztere, so kann er es auf folgende Weise erwerben: 1. Innerhalb 2 Jahren nach Besitzantritt für den ursprünglich festgesetzten Preis zusätzlich $^1/_2$ der Differenz zwischen diesem Preis und dem Bodenwert ohne Verbesserungen zur Zeit, wo er das Eigentum erwerben will oder 2. in Abschlagszahlungen in 33 Jahren.

der ganze Zuwachs am unverbesserten Bodenwert für den Staat gesichert." Wie letzteres Ziel erreicht werden solle, wenn die renewable lease zum vollen Eigentum führen würde, darüber äußert sich Ward in diesem Finanzberichte noch nicht.

Die progressive Regierung von heute ist also weniger radikal als diejenige von 1892. Es handelt sich nicht mehr um die Frage des Staatseigentums an jetzt noch nicht vergebenem Kronlande, sondern immer mehr darum, wie Bodenspekulation in Kronland verhindert und der unverdiente Wertzuwachs seinem Erzeuger, der Allgemeinheit, zugeführt werde[1]). Die Frage des unverdienten Wertzuwachses war vom Ministerium Seddon auch schon angeschnitten worden. 1896 wurde ein Rating on the unimproved value Act erlassen, der es den einzelnen Grafschaften und Orten freistellte, den unverbesserten Bodenwert zu besteuern. Von dieser Befugnis haben von 115 Grafschaften und Orte, wo diese Besteuerung der Abstimmung unterbreitet wurde, 90 diese Steuer in verschiedener Höhe eingeführt. Es wird hierbei der unverbesserte Bodenwert besteuert wie er abgeschätzt wird, aber gleich von Anfang an, nicht nur der unverdiente Wertzuwachs, wie es John Stuart Mill wollte. Dieser ist allerdings in der neuseeländischen Steuer mitgetroffen, aber nicht allein. Die Steuer geht also noch über die Forderung Mills hinaus, aber lange nicht soweit wie die Grundsteuergesetzgebung von 1891.

Nach wie vor steht also die neuseeländische Landgesetzgebung unter dem Einflusse John Stuart Mills, wobei sich in den letzten Jahren eine weniger radikale Richtung bemerkbar macht, und es sind Anzeichen dafür vorhanden, daß in Zukunft die bodenreformerischen Bestrebungen in Neuseeland sich mehr und mehr auf die Farge konzentrieren werden, wie der Allgemeinheit ihr gebührender Anteil an dem unearned increment gesichert werden könne. Der Rating on the unimproved value Act stellt in dieser Richtung nur einen ersten Schritt dar.

Ob die Möglichkeit, die die neue Land- und Ansiedelungsgesetzgebung bei der renewable lease gewährt, das Eigentum zu $9/_{10}$ zu erwerben, viel ausgenützt wird, kann bisher nicht gesagt werden. Bei der

---

[1]) Im Finanzbericht 1909 sagt Ward, es bestehe eine Differenz, wieviel die Tätigkeit des Staates und wieviel die der Privaten zum Wertzuwachs beitrage. Aber in einem jungen Lande wie Neuseeland sei es zweifellos, daß auch der Staat mit dazu beitrage.

renewable lease ist es bisher gar nicht, bei der Erbpacht in nur 139 Fällen (53696 Acker) der Fall gewesen[1]). Daß bei den Pachtgütern auf Ansiedelungsland von dieser Möglichkeit in nächster Zeit schon viel Gebrauch gemacht werde, ist nicht wahrscheinlich, da die Ablösung der Rente hier nur in Summen von mindestens £ 10 erfolgen kann, die ein nicht kapitalstarker Kolonist, wie es die Besitzer der unter der renewable neu erworbenen Pachtgüter sind, wohl nicht ohne weiteres immer zur Verfügung hat.

---

[1]) 1911 C-1, S. 48.

V. Schluss.

In einem jungen Koloniallande wie Neuseeland, das der Besiedelung noch harrt, stellt die Landfrage andere Probleme als in einem Lande alter Kultur wie England, wo alles Land schon vergeben ist. In Neuseeland steht in der Landfrage die Besiedelung an erster Stelle. So ist es zu erklären, daß die Gesetzgebung in ihren bodenreformerischen Bestrebungen ihr Augenmerk zunächst auf die Bodenbesitzfrage richtete und erst in zweiter Linie mit der Frage beschäftigte, wie der Staat sich zur Grundrente verhalten solle.

1. Das Ziel der progressiven Regierung war, Neuseeland zu einem Farmerland zu machen, was sich in dem Schlagworte „closer settlement" ausdrückte. Es versteht sich von selbst, daß die Landfrage im Kampfe der Parteien die Hauptrolle spielte. Das Jahr 1891 bildet in der neuesten Zeit die wichtigste Grenzscheide in der politischen Entwicklung Neuseelands. Damals ging die politische Herrschaft von den „Konservativen" auf die Progressiven über. Waren die ersteren im wesentlichen von individualistisch-ökonomischen Gedankengängen in der Landpolitik — im Sinne des free trade in land — geleitet gewesen, wie es ihren Interessen entsprochen hatte, so suchte die ans Ruder gekommene progressive Partei vor allem auch in der Landfrage die wirtschaftlich schwächeren Schichten der Bevölkerung zu kräftigen. Es wäre zu viel gesagt, wollte man die progressive Partei als eine Partei der mittleren und kleineren Farmer im Gegensatz zu den Großgrundbesitzern hinstellen; denn Industriearbeiter gehörten auch dazu. Aber jedenfalls gaben die Farmer, oder solche, die es werden wollten, in der Partei den Ton an. Und die führenden Männer, vor allem der Landminister Mc Kenzie, ein schottischer Farmer aus Otago, vertrat mit aller Entschiedenheit den Standpunkt des selbstwirtschaftenden bona-fide-Siedlers gegenüber dem kapitalistisch oder überhaupt nicht wirtschaftenden Großgrundbesitzer.

In ihrer Landpolitik haben sich die führenden Männer, wie früher schon Sir George Grey, eng an das Millsche Programm der Land-Tenure-Reform-Association angelehnt. Es ist nun bei den Führern dieser Bewegung, mit Ausnahme von Sir George Grey, so gut wie ausgeschlossen, daß sie irgendwie auf Grund tieferer ökonomischer Bildung ihr Landprogramm aufgestellt hätten. Es waren einfache Leute, nur beseelt von dem redlichen Willen, Neuseeland zu einer Kolonie von mittleren und kleineren Farmern zu machen. Der Kampf gegen den Großgrundbesitz zum Zwecke des closer settlement war eigentlich ihr ganzes bodenreformerisches Programm. In der Bodenbesitzfrage ist die neuseeländische Landpolitik weder sozialistisch noch agrarsozialistisch. Allerdings scheinen Mc Kenzie, dem Vater der ganzen Landgesetzgebung agrar-sozialistische Ideale vorgeschwebt zu haben. Denn er griff wiederholt das Eigentum an Grund und Boden als solches an (vgl. oben S. 49) und strebte eine möglichst große Ausdehnung der Staatspacht an. Aber an die Ausführung agrarsozialistischer Ideale im ganzen wagte er doch nicht heranzutreten.

Das Ziel der ganzen Landpolitik ist das closer settlement. Aber unter diesem gemeinsamen Ziel scheidet sich die Landpolitik in zwei Teile: Einmal sollten die Fehler der Landpolitik früherer Jahre durch die Ansiedelungsgesetzgebung geheilt werden, ferner aber für die Zukunft ähnliche Schäden, nämlich unbenutzter oder Großgrundbesitz verhindert werden. Nun äußern sich allerdings in der Ansiedelungsgesetzgebung agrarsozialistische Tendenzen, indem in Privateigentum stehendes Land zurückgekauft und unter der Form der Erbpacht, d. h. in diesem Falle mit Obereigentum des Staates ohne Möglichkeit des Eigentumserwerbes, vergeben wurde. Aber von Agrarsozialismus könnte man doch nur dann reden, wenn der gesamte Grund und Boden Neuseelands verstaatlicht würde. Davon ist aber nicht die Rede. Denn die Ansiedelungsgesetzgebung bildet ja nur einen Teil der Landpolitik Neuseelands. Letztere zeigt ja allerdings auch agrarsozialistische Neigungen, indem sie z. B. die Erbpacht vom Staate besonders begünstigt. Aber sie hat das Eigentum dabei bestehen lassen und in Form der Occupation with right of purchase dessen Erwerb auch noch erleichtert. Das ist auch nur natürlich. Denn der Bauer will sein Gut zu Eigentum haben, erst recht aber der koloniale Farmer. So hat auch in Neuseeland die Gesetzgebung diesem Bedürfnis durch möglichste Annäherung der Erbpacht an das Eigentum Rechnung tragen müssen und heute muß die Regierung diesem Streben nach Eigentum in der Frage der Erbpacht immer mehr Zugeständnisse machen. Es zeigt sich, daß Mc Kenzie dieses Streben nach Eigentum das er doch als einstiger Farmer selbst genau kennen mußte, zu gering eingeschätzt hat, als er die Erbpacht zur hauptsächlichen Besitzform von Kronland zu machen strebte. Und doch war hierbei das Obereigentum des Staates doch recht wenig fühlbar.

Die Landgesetzgebung Neuseelands einschließlich der Ansiedelungs- und Grundsteuergesetzgebung folgt also nicht einem bestimmten Bodenreformprogramm, sondern stellt sich dar als eine Reihe von staatssozialistischen Maßnahmen, d. h. solcher, die die freie wirtschaftliche Betätigung des Individuums in einer Richtung, nämlich bezüglich des Grundbesitzes, im Interesse der Kolonie beschränken. Und zwar positiv, indem sie bei dem Neuerwerb von Kronland, einschließlich Ansiedelungsland Beschränkungen bezüglich der Person des Erwerbers, der Größe des einzelnen Gutes festsetzt und Siedelungsbedingungen auferlegt um die Bodenspekulation zu verhindern; negativ, indem sie den Landbesitz, soweit er den Interessen der Allgemeinheit nicht entspricht, dem Eigentümer entzieht, gegebenenfalls sogar durch Enteignung, und den Zwecken der inneren Kolonisation dienstbar macht. Letzterem Ziele dient die Ansiedelungsgesetzgebung und die Grundsteuer, die ja hauptsächlich als ein Kampfmittel gegen den Großgrundbesitz zu betrachten ist. Wie eng sich die neuseeländische Landgesetzgebung in der Frage des Bodenbesitzes an die Gedanken John Stuart Mills anschloß, wurde oben gezeigt. Das erklärt sich wohl dadurch, daß die tatsächliche Grundlage der bodenreformerischen Ideen Mills derjenigen der neuseeländischen Bodenreformer äußerlich recht ähnlich war. In Neuseeland wie im England der Mitte des 19. Jahrhunderts war der Großgrundbesitz die Macht, die den landwirtschaftlichen Mittel- und Kleinbetrieb zu ersticken drohte. Wie einst Mill die Gedanken der klassischen Nationalökonomie mit den neu aufkommenden sozialistischen auseinanderzusetzen suchte, so war es auch das Ziel der neuseeländischen Landgesetzgebung, die berechtigten Wünsche des einzelnen hinsichtlich des Landbesitzes mit den Interessen der Allgemeinheit auszugleichen. Freilich in dem Werturteil, was „berechtigt" sei, trat in Neuseeland das Interesse der Allgemeinheit unbedingt in den Vordergrund.

2. Bodenreformerische Ziele im engeren Sinne bezüglich der Grundrente hat die neuseeländische Landgesetzgebung nur schwach und bewußt eigentlich erst in neuester Zeit verfolgt. Die Grundsteuer war ja keine Steuer auf das unearned increment im Sinne Mills und erst recht keine Steuer im Sinne der Single-tax, sondern einfach eine Vermögens-

steuer auf den Bodenwert abzüglich der Verbesserungen. In derselben Richtung bewegte sich auch die 1896 eingeführte fakultative Steuer auf den unverbesserten Bodenwert, die übrigens für die Landpolitik ohne Bedeutung ist (vgl. S. 132).

Durch die Grundsteuer wurde die Grundrente allerdings mit getroffen. Aber einen grundsätzlichen Kampf gegen die Grundrente bedeutete das doch nicht. Denn nicht nur waren die kleinen Stellen (bis £ 500 unverbesserter Bodenwert) von der Steuer befreit, sondern auch bis in die neueste Zeit wurde kein Versuch gemacht, bei Staatspachtland (auch bei Eingeborenenland) die Grundrente der Allgemeinheit zuzuführen. Erst mit der Einführung der renewable lease wurde ein Vorstoß in dieser Richtung gemacht. Aber die renewable lease umfaßt doch nur einen ganz geringen Teil des Staatspachtlandes. Woher diese zögernde Haltung der Gesetzgebung in der Frage der Grundrente kommt, ist nicht recht klar. Bei dem Staatspachtland kann man sie ja dadurch erklären, daß die Staatspacht möglichst anziehend gestaltet werden sollte. Daraus aber, daß bei allen Verhandlungen im Parlament, und in den Gesetzentwürfen von der Grundrente nie die Rede war, darf wohl geschlossen werden, daß dieser Frage bis in die neueste Zeit gar keine prinzipielle Bedeutung beigelegt wurde. Der Kampf galt in Neuseeland nicht der Grundrente, sondern dem Großgrundbesitz. Und als ein Kampfmittel gegen den Großgrundbesitz ist ja auch die Grundsteuer aufzufassen. Die Vernachlässigung der Frage der Grundrente ist ein weiterer Beweis dafür, daß die ganze bodenreformerische Gesetzgebung Neuseelands, wie es englischer Brauch ist, einfach aus der Forderung des Augenblicks ohne tieferes Eingehen auf die damit zusammenhängenden ökonomischen Fragen entstanden ist. Im Gegensatz zu den Urhebern dieser Gesetzgebung hat erst der gegenwärtige Premierminister Sir Joseph Ward die Frage der Grundrente prinzipiell angeschnitten.

In kolonialer Überhebung blickte Neuseeland auf die Bodenbesitzverhältnisse der Länder alter Kultur geringschätzig herab. „New Zealand leads the way" war, wie Lloyd berichtet — übrigens nicht nur mit Bezug auf die Bodenreform —, ein Glaubenssatz in Neuseeland geworden. Mit der Zeit ist es stiller geworden. Die Erkenntnis hat sich verbreitet, daß die Landpolitik der progressiven Regierung nicht den Schlüssel zur Lösung aller Schwierigkeiten auf dem Gebiete der Bodenreform bietet. Einmal spielen hierbei die Schwierigkeiten in der Besitzfrage mit. Dann aber fallen vor allen Dingen finanzielle Fragen bedeutend und bestimmend ins Gewicht. Wollte die Ansiedelungspolitik allen Wünschen gerecht werden, dann würde sie die Finanzen Neuseelands überlasten (vgl. die Äußerung Mc Nabs, oben S. 127). Die Summe von 6 Millionen £, um die die Ansiedelungspolitik die Staatsschuld Neuseelands vermehrt hat, ist ja schon gewaltig. Allerdings werden die laufenden Ausgaben für die Ansiedelungspolitik durch die aus ihr fließenden Einkünfte gedeckt. Ja es ergab sich immer noch rechnungsmäßiger Überschuß. Aber für eine gesunde Finanzwirtschaft erscheint die Belastung durch die Ansiedelungspolitik im Verhältnis zu ihrer Bedeutung in der Besiedelung der Kolonie doch zu hoch, auch wenn man berücksichtigt, daß Neuseeland seine ganze Kraft auf seine inneren Angelegenheiten richten kann, da es für seinen äußeren Schutz so gut wie nichts aufzuwenden braucht. Aber eine Ausdehnung der Ansiedelungspolitik ist aus finanziellen Gründen nicht mehr zu erwarten. Allerdings liegt auch kein Anzeichen vor, daß sie eingeschränkt werden solle. In neuester Zeit ist ja wieder ein Experiment auf genossenschaftlicher Grundlage, der Land Settlement Finance Act, gemacht worden (S. 128ff.). Dies deutet darauf hin, daß die Regierung die Ansiedelungspolitik, die sie mit ihren finanziellen Mitteln offenbar nicht kräftig genug duchführen zu können glaubt (vgl. die wiederholt erwähnte Äußerung Mc Nabs), auf andere Weise, die den Staat nicht mit neuen Schulden belastet, ausdehnen will. Über den Erfolg dieser neuesten Richtung der Ansiedelungspolitik kann noch nichts gesagt werden. Jedenfalls aber ist zu erwarten, daß auch in Zukunft die Ansiedelungspolitik ein wichtiges Werkzeug der Regierung bei der Besiedelung Neuseelands sein wird.

Anhang

I. Übersicht über den Ankauf von Ansiedelungsland. Zahl und Fläche der zurückgekauften Güter nach C·5 (Fläche in Ackern).

Finanzjahr	Auckland		Taranaki		Hawke's Bay		Wellington		Nelson		Marlborough		Westland		Canterbury		Otago		Southland	
	Zahl	Fläche	Zahl	Fläche	Zahl	Fläche	Zahl	Fläche	Zahl	Fläche	Zahl	Fläche	Zahl	Fläche	Zahl	Fläche	Zahl	Fläche	Zahl	Fläche
1894	—	—	—	—	—	—	—	—	—	—	—	—	—	—	3	1 304	2	7 809	—	—
1895	—	—	—	—	—	—	—	—	—	—	1	5 507	—	—	2	976	—	—	—	—
1896	1	7 604	—	—	1	427	—	—	—	—	—	—	1	3 230	7	6 407	3	11 728	1	9 998
1897	—	—	—	—	4	10 540	1	—	—	—	1	3 898	—	—	6	37 089	2	9 239	—	—
1898	2	9 923	—	—	—	—	—	322	—	—	2	6 174	—	—	4	4 308	2	11 484	2	10 637
1899	2	2 337	—	—	2	1 908	—	—	—	—	—	35 906	—	—	2	47 911	—	—	—	—
1900	2	16 089	—	—	—	—	3	4 228	—	—	—	—	—	—	8	26 914	3	18 845	—	—
1901	—	—	—	—	1	26 350	1	472	—	—	2	18 056	—	—	1	31	1	1 270	—	—
1902	6	1 072	1	1 505	3	32 003	3	10 745	—	—	—	—	—	—	9	23 702	3	6 663	2	13 737
1903	—	—	1	310	2	33 713	4	10 715	—	—	1	245	1	1 895	4	17 706	1	548	—	—
1904	1	12 480	1	882	1	10 051	—	—	—	—	1	46 598	—	—	3	70 894	1	22 071	1	19 806
1905	1	42 739	—	—	2	14 570	2	4 955	—	—	—	—	—	—	—	—	2	21 946	—	—
1906	5	159 574	1	1 912	1	2 214	10	24 174	—	—	—	—	—	—	3	15 991	2	4 154	—	—
1907	2	198	—	—	5	32 659	1	35	1	6 235	—	—	—	—	—	—	4	63 156	—	—
1908	5	25 095	—	—	—	—	1	5 178	1	18 112	—	—	—	—	1	25 163	2	23 596	—	—
1909	—	—	—	—	4	28 980	—	—	—	—	—	—	—	—	9	15 386	1	1 177	1	2 744
1910	—	—	—	—	—	—	—	—	—	—	—	—	—	—	10	13 973	3	280	—	—
1911	1	2 087	—	—	—	—	—	—	—	—	—	—	—	—	—	—	—	—	—	—
Zus.	28	279 198	4	4 609	26	193 415	26	60 824	2	24 347	9	116 364	2	5 125	73	307 755	32	203 936	7	56 922

II. Übersicht über das der Regierung unter den Ansiedelungsgesetzen 1893—1911 zum Kauf angebotene Land (nach den Berichten C-1 und C-5).

Jahr	Zum Ankauf angeboten Acker			Zahl der angeb. Güter	Durchschnittsgröße der angeb. Güter Acker	Vom Board zum Ankauf empfohlen Acker			%
	Nord-Insel	Süd-Insel	Im ganzen			Nord-Insel	Süd-Insel	Im ganzen	
1893	—	—	132 955	44	3 021	16 206	8 628	24 834	18,6
1894	—	—	913 266	102	8 953	—	—	—	—
1895	216 633	858 606	1 075 606	208	5 171	11 200	34 917	46 117	4,2
1896	325 187	216 779	541 966	109	5 064	25 034	46 843	71 877	13,2
1897	285 504	395 740	681 244	148	4 603	18 787	52 813	71 600	10,5
1898	166 703	371 439	538 142	70	7 687	30 642	99 277	129 919	24,1
1899	137 667	426 264	563 931	51	11 057	—	—	215 580	38,2
1900	268 310	112 903	381 213	57	6 687	55 570	52 495	108 065	28,3
1901	179 946	135 666	315 612	73	4 323	62 866	32 245	95 111	30,1
1902	252 130	200 388	452 130	110	4 110	18 923	63 215	82 138	18,1
1903	392 855	348 016	740 871	150	4 939	108 732	79 071	187 803	25,3
1904	168 112	159 550	327 662	81	4 045	6 166	89 171	95 337	25,5
1905	544 375	169 366	713 741	88	8 110	190 871	32 300	222 171	31,1
1906	604 284	306 834	911 118	311	2 929	110 739	130 364	241 103	26,4
1907	1 018 473	405 932	1 424 405	222	6 416	352 378	85 764	438 142	30,7
1908	749 823	283 477	1 033 300	129	8 010	149 024	147 497	296 521	28,6
1909	493 168	278 975	772 143	121	6 381	32 052	68 387	100 439	13,0
1910	—	—	231 852	122	1 900	—	—	—	—
1911	—	—	350 708	81	3 095	—	—	—	—

III. Durchschnittspreise von zurückgekauftem Land (ohne Arbeiterheimstätten), nach den Angaben von C-5, in £, auf Dezimalstellen berechnet.

Jahr	Auckland	Taranaki	Hawke's Bay	Wellington	Nelson	Marlborough	Otago	Canterbury	Westland	Southland
1894	—	—	—	—	—	—	—	10,46	8,75	—
1895	—	—	—	—	—	3,5	—	11,25	7,16	—
1896	3,2	—	24,0	—	—	—	1,1	10,47	4	2,5
1897	—	—	16,5	—	—	—	—	5,76	12	—
1898	2,1	—	—	—	—	2,05	—	6,00	—	—
1899	3,5	—	23,25	—	—	3,10	—	6,7	—	2,8
1900	2,6	—	—	14,6	—	—	—	6,7	5,35	—
1901	—	—	5,33	6,64	—	1,37	—	—	2,68	—
1902	—	21,0	4,66	8,10	—	—	—	5,28	—	—
1903	—	—	4,90	7,95	—	—	2,5	4,04	7,36	3,3
1904	3,2	13,0	7,10	—	—	24,5	—	4,7	8	—
1905	2,9	—	—	3,60	—	—	—	—	3,5	5,7
1906	0,4	—	—	3,23	—	4,0	—	15,4	3,9	—
1907	3,6	—	8,23	—	2,5	—	—	—	11,0	—
1908	4,4	—	8,55	—	0,9	—	—	—	5,67	—
1909	—	—	—	—	—	—	—	4,7	5,25	—
1910	—	—	6,07	—	—	—	—	24,02	3	4,2
1911	3,1	—	—	—	—	—	—	20,6	4	—

IV. Landwirtschaftlich benutzte Fläche nach Art der Benutzung. 1891. Fläche in Acker (nach Statistics of the Colony of New Zealand 1891).

Distrikt	Zum Körnerbau benutzt				Hack-frucht	Brache	Mit Kunstgras besät		Ganze landwirtschaftlich benutzte Fläche
	Weizen	Hafer	Gerste	Im ganzen			mit vorherigem Pflügen	ohne vorheriges Pflügen	
Auckland	6 852	11 159	951	24 945	45 093	34 662	365 168	695 573	1 165 441
Taranaki	1 984	4 269	236	6 796	8 584	1 121	75 784	215 687	308 072
Hawke's Bay	1 311	5 999	3 096	10 906	25 312	27 959	225 848	795 529	1 085 454
Wellington	10 318	17 728	443	28 933	34 380	4 381	183 394	1 257 499	1 508 587
Nord-Insel	20 465	39 155	4 726	71 580	113 369	67 123	855 194	2 964 288	4 067 554
Nelson	5 417	4 877	3 346	14 680	8 122	4 094	49 584	122 335	198 816
Marlborough	6 382	4 811	4 070	15 649	16 206	4 246	66 787	160 112	263 000
Westland	3	7	3	14	310	890	3 963	8 418	14 044
Canterbury	211 097	113 048	15 725	353 727	212 426	58 875	1 135 564	274 221	2 034 813
Otago [1])	57 096	184 326	4 870	247 679	231 556	74 281	1 144 451	186 401	1 884 208
Süd-Insel	280 995	307 069	28 014	631 749	468 620	142 386	2 395 349	751 387	4 394 941
Im ganzen	301 460	346 224	32 740	703 329	581 989	210 509	3 250 543	3 715 675	8 462 495
% der landwirtsch. benutzten Fläche	—	—	—	8,3	7,1	2,4	38,4	43,9	

82,3

[1]) einschließlich Southland.

V. Landwirtschaftlich benutzte Fläche nach Art der Benutzung. 1911. Fläche in Acker (nach New Zealand Official Yearbook 1911, S. 553).

Distrikt	Zum Körnerbau benutzt Acker				Hack-frucht	Brache	Kunstgras		Ganze landwirtschaftlich benutzte Fläche	In Naturgras
	Weizen	Hafer	Gerste	Im ganzen			nach vorherigem Pflügen	ohne vorheriges Pflügen		
Auckland	1 552	5 444	1 092	52 811	57 502	56 201	802 262	2 541 999	3 546 646	4 222 402
Taranaki	735	2 663	657	11 894	23 982	3 274	211 189	793 385	1 046 709	311 562
Hawkes Bay	1 261	5 778	1 283	22 810	35 573	7 281	365 925	1 405 543	1 835 470	1 375 616
Wellington	6 443	15 569	1 322	49 327	58 799	7 183	357 980	2 699 664	3 184 807	1 249 948
Nord-Insel	9 991	29 454	4 354	136 851	175 856	73 938	1 737 356	7 440 591	9 613 632	7 159 528
Nelson	5 466	7 120	3 204	32 071	18 475	5 445	139 318	418 063	623 472	1 690 644
Marlborough	2 948	3 003	11 891	36 344	11 614	3 189	100 255	421 898	576 091	1 864 018
Westland	—	234	—	668	1 524	778	9 903	73 768	86 948	874 120
Canterbury	229 876	112 673	9 565	474 503	228 936	64 708	1 455 519	507 446	2 756 882	3 830 705
Otago (einschl. Southland	73 886	150 343	4 477	335 295	277 277	61 914	1 566 875	352 749	2 608 865	8 550 221
Süd-Insel	312 176	173 373	29 137	878 971	538 826	136 035	3 262 870	1 773 924	6 652 258	16 812 708
Im ganzen . .	322 167	302 827	33 491	1 015 822	713 682	209 973	5 000 226	9 214 515	16 265 890	23 972 236
% der landwirtschl. benutzten Fläche	—	—	—	6,2	4,3	1,7	30,7	50,4	—	—

81,1

VI. Aus dem Bericht C-5, 1900. Preisforderungen der Verkäufer und Angebote des Board vor 1900.

Distrikt	Fläche (Acker) des angebotenen Gutes (Acker)	Vom Verkäufer verlangter Preis pro Acker			Vom Board angebotener Preis pro Acker		
		£	s.	d.	£	s.	d.
Auckland	6 746	4	—	—	3	15	—
	1 734	3	10	—	2	17	6
Hawke's Bay	6 964	5	15	—	4	—	—
	1 472	5	3	4	3	12	6
	8 000	3	—	—	8	15	—
	10 293	6	—	—	4	10	—
	745	9	15	—	7	5	—
Wellington	1 090	10	15	—	7	5	—
	114	13	—	—	10	—	—
	323	15	—	—	—	12	—
	1 785	16	—	—	14	14	1
Marlborough	9 600	3	—	—	1	10	—
	6 500	6	—	—	3	7	—
	4 950	4	10	—	2	17	—
	320	2	10	—	1	—	—
	5 827	5	—	—	4	2	—
Canterbury	100	23	—	—	17	—	—
	416	17	—	—	12	—	—
	75	75	—	—	50	—	—
	1 360	10	10	—	8	10	—
	7 771	5	10	—	3	18	—
Otago	277	10	—	—	7	—	—
	509	8	10	—	6	10	—
	7 463	3	10	—	2	10	—
	2 536	3	5	—	2	—	—
Southland	1 907	4	5	—	2	5	—
	1 732	10	—	—	3	10	—

VII. Muster einer Erklärung (declaration) und eines Fragebogens bei der Bewerbung um rural land (vgl. Seite 85).

Declaration.

I, , of , , do solemnly and sincerely declare—

1. That I am of the age of twenty-one years and upwards.
2. That I am the person who, subject to the provisions of "The Land for Settlements Consolidation Act, 1900," and its amendments, and the regulations made thereunder, am applying for a lease in perpetuity of one of the allotments described in the foregoing application.
3. That I am acquiring such lease solely for my own use and benefit, and not directly or indirectly for the use or benefit of any other person or persons whomsoever.
4. That I am not, directly or indirectly, either by myself or jointly with any other person or persons, the owner, tenant, or occupier of any land whatsoever under "The Land for Settlements Act, 1894," or its amendments, the present or former Land for Settlements Acts, nor the owner in fee simple, nor the tenant or occupier under a lease for a term whereof not less than two years are unexpired, of any other land in the colony which, with the largest allotment included in the foregoing application, would exceed in area, 1,000 acres.

5. That the total value of all the real and personal property owned by me does not, after deducting the encumbrances thereon, exceed the prescribed proportion of capital value (exclusive of buildings) of any allotment comprised in the foregoing application: And I am aware that the prescribed proportion is: —

    Three times, where the area of the allotment does not exceed 100 acres;
    Twice, where such area exceeds 100 and does not exceed 500 acres; and
    One and a half times, where such area exceeds 500 acres.

6. That my answers to the foregoing questions (Nos. 1 to 11) are true and correct in every particular.

And I make this solemn declaration conscientiously believing the same to be true, and by virtue of an Act of the General Assembly of New Zealand intituled "The Justices of the Peace Act, 1882."

(Signature in full.)

Question.	Answer.
1. How old were you last birthday?	
2. What means (including stock and agricultural implements or machinery) do you possess for stocking and cultivating the land, and erecting suitable buildings thereon; and what is the total value thereof?	
3. Have you means sufficient, in your estimation, to enable you to profitably work the land and fulfil the conditions of the lease? If not, state how you propose to do so.	
4. What experience have you had in cultivating agricultural land or in dairying?	
5. What is your present occupation?	
6. Are you married? If so, has your wife (or husband) had any experience in cultivating land, in farmwork, or in dairying? Give particulars.	
7. Have you any family? If so, state the number and sex of your children now living with you, and their ages.	
8. What land do you hold or have an interest in? Give particulars of the block, section, area, and value of such land, and say whether it is freehold, leasehold, or what other tenure, specifying also what portion (if any) is rural and what portion (if any) is town or suburban land.	
9. What land does your wife (or husband) hold, or have an interest in? Give particulars as above.	
10. Is the rural land (if any) mentioned in answers 8 and 9 insufficient for the maintenance of yourself and your family? If so, give your reasons.	
11. Is the town or suburban land (if any) mentioned in answers 8 and 9 insufficient for a home for yourself and your family? If so, give your reasons.	

* If more than one allotment is applied for, the deposit should be for the allotment requiring the largest deposit, and the words "which is greatest in value" should be added.

VIII. Muster entsprechend VII bei der Bewerbung um ein small grazing run (vgl. Seite 85 und 88).

Question.	Answer.
1. How old were you last birthday?	
2. What means (including stock and implements or machinery) do you possess for stocking and cultivating the land, and erecting suitable buildings thereon; and what is the total value thereof?	
3. Have you means sufficient, in your estimation, to enable you to profitably work the land and fulfil the conditions of the lease? If not, state how you propose to do so.	
4. What experience have you had in working a run?	
5. What is your present occupation?	
6. Are you married? Is fo, has your wife (or husband) had any experience in working a run? Give particulars.	
7. Have you any family? If so, state the number and sex of your children now living with you, and their ages.	
8. What land do you hold or have an interest in? Give particulars of the number of block, section, area, and value of such land, and say whether it is freehold, leasehold, or what other tenure, specifying also what portion of it (if any) is rural and what portion (if any) is town or suburban land.	
9. What land does your wife (or husband) hold, or have an interest in? Give particulars as above.	
10. Is the rural land (if any) mentioned in answers 8 and 9 insufficient for the maintenance of yourself and your family? If so, give your reasons.	
11. Is the town or suburban land (if any) mentioned in answers 8 and 9 insufficient for a home for yourself and your family? If so, give your reasons.	

Declaration.

I,   , of   ,   , do solemnly and sincerely declare, —

1. That I am of the age of twenty-one years and upwards.

2. That I am the person who, subject to the provisions of "The Land for Settlements Consolidation Act, 1900," and the regulations made thereunder, am applying for one of the small grazing-runs described in the foregoing application.

3. That I am acquiring such run solely for my own use and benefit, and not directly or indirectly the use or benefit of any other person or persons whomsoever.

4. That I am not, directly or indirectly, either by myself or jointly, with any other person or persons, the owner, tenant, or occupier of any land whatsoever under the present or former Land for Settlements Acts, nor the owner in fee simple, nor the tenant or occupier under a lease for a term whereof not less than two years are unexpired, of any other land in the colony which with the largest run included in the foregoing application would exceed   acres.

5. That the total value of all the real and personal property owned by me does not (after deducting the encumbrances thereon) exceed one and a half times the capital value (exclusive of buildings) of any run comprised in the foregoing application.

6. That my answers to the foregoing questions (Nos. 1 to 11) are true and correct in every particular.

And I make this solemn declaration conscientiously believing the same to be true, and by virtue of an Act of the General Assembly of New Zealand intituled "The Justices of the Peace Act, 1882."

(Signature in full.)

Zitierte Schriften.

William Pember Reeves, Ao Tea Roa, The long white Cloude, London 1898.
William Pember Reeves, State Experiments in Australia and New Zealand. London.
William Pember Reeves, New Zealand in The story of the Empire, 1898.
William Gisborne, New Zealand Rulers and Statesmen 1897.
G. W. Rusden, History of New Zealand, 1895.
Henry Demarest Lloyd, Newest England, New York 1910.
Geo H. Henderson, Sir George Grey, London 1907.
James Drummond, The life and the work of Richard John Seddon, 1907.
Guy H. Scholefield, New Zealand in evolution, London 1909.
André Siegfried, La démocratie en Nouvelle Zélande, Paris 1904.
R. v. Lendenfeld, Neuseeland, 1900.
R. Schachner, Australien in Politik, Wirtschaft, Kultur, 1909.
Zimmermann, Die europäischen Kolonien, 1896.
Sering, Die landwirtschaftliche Konkurrenz Nord-Amerikas in Gegenwart und Zukunft, 1887.
Schilling, London als Anleihemarkt der englischen Kolonien, 1911.

v. Schulze-Gävernitz, Zum sozialen Frieden, 1890.
Diehl, David Ricardos Grundgesetze der Volkswirtschaft und Besteuerung, 1905.
Diehl, Über Sozialismus, Kommunismus, Anarchismus, 1911.
A. Damaschke, Die Bodenreform. Grundsätzliches und Geschichtliches, 1903.
Sartorius v. Waltershausen, Der moderne Sozialismus in den Vereinigten Staaten von Nord-Amerika, 1890.
H. Niehuus, Geschichte der englischen Bodenreformtheorien, 1910.
Pierre Verhaegen, Socialistes anglais, 1897.
Sidney Webb, Der Sozialismus in England (deutsch), 1898.
Fabian Essays.
John Stuart Mill, Grundgesetze der politischen Ökonomie.
John Stuart Mill, Selbstbiographie (deutsch), 1874.
John Stuart Mill, Dissertations and Discussions. 1875.
Henry George, Fortschritt und Armut, deutsch von Gütschow, 1881.

The Crownlands of New Zealand. Under Authority of the Hon. John Mc Kenzie, Minister of Lands, Wellington 1892.
The Settlers' Handbook of New Zealand, 1902.
The Immigrants' Guide and Settlers' Handbook, Wellington 1906.
Report of the Department of Agriculture 1906.
Statistics of the Colony of New Zealand (alljährlich).
Statute books of New Zealand.
New Zealand Gazette (amtlich).
Die Hansards von Neuseeland.
Report of the Department of Lands and Survey New Zealand (alljährlich).
Report on the Land for Settlements Act (alljährlich seit 1893).
Financial Statement (alljährlich).
New Zealand Official Yearbook (alljährlich seit 1893).
Außerdem noch sonstige jährliche Berichte und amtliche Veröffentlichungen der einzelnen Regierungsdepartements.
Neuseeländische Zeitungen.

Es werden zitiert:

Die Reports of the Department of Lands and Survey mit ihrer offiziellen Nummer C1- und der betreffenden Jahreszahl.
Die Reports on the Land for Settlements Act entsprechend mit C-5 und der Jahreszahl.

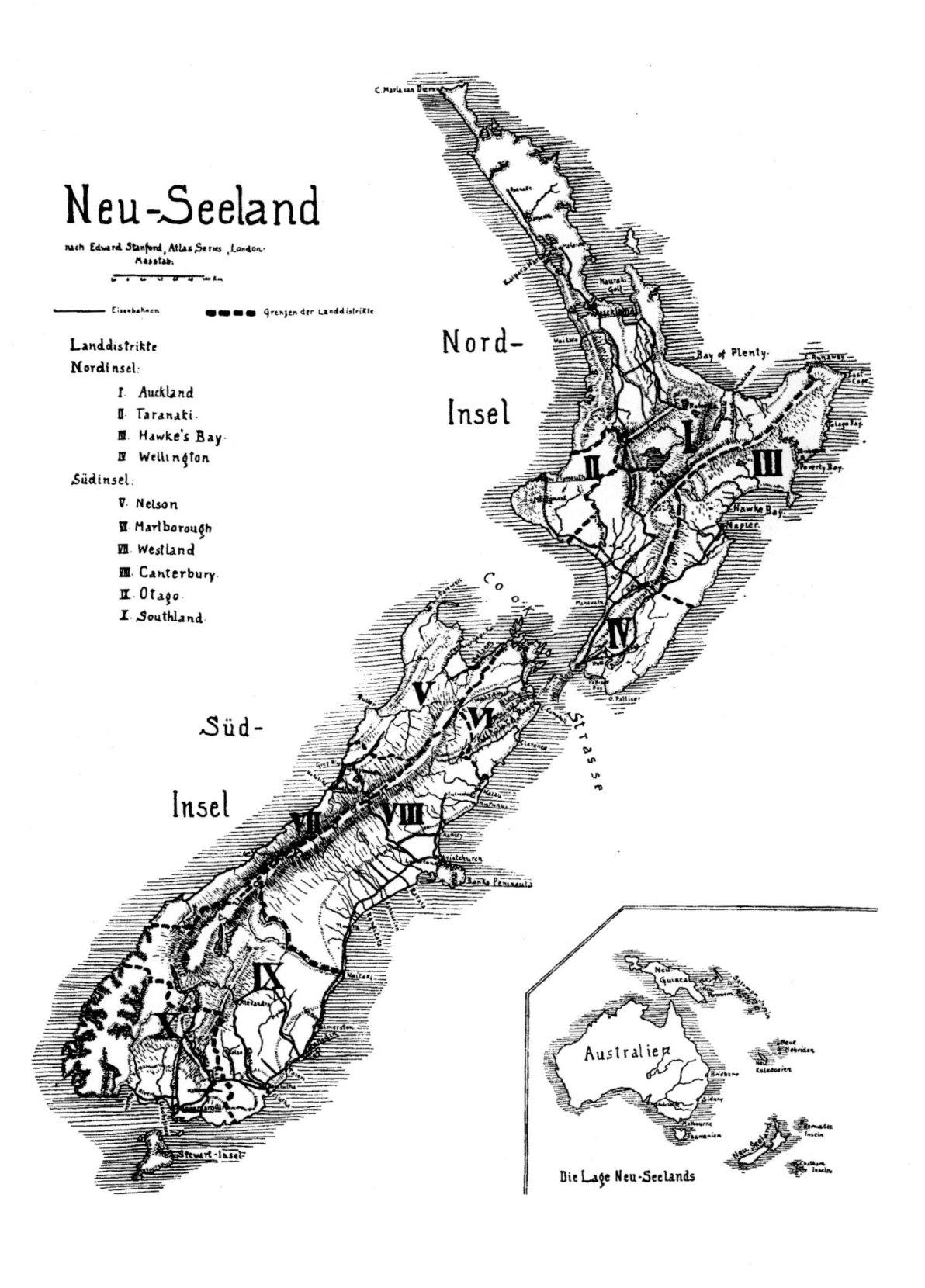

Neu-Seeland

nach Edward Stanford, Atlas Series, London.
Maßstab:

—— Eisenbahnen   ━ ━ ━ Grenzen der Landdistrikte

Landdistrikte
Nordinsel:
- I. Auckland
- II. Taranaki
- III. Hawke's Bay
- IV. Wellington

Südinsel:
- V. Nelson
- VI. Marlborough
- VII. Westland
- VIII. Canterbury
- IX. Otago
- X. Southland

Die Lage Neu-Seelands

Ebenfalls im SEVERUS Verlag erhältlich:

Arthur Berger
Neuseeland – Auf den Spuren der Maori
SEVERUS 2012 / 156 S. / 19,50 Euro
ISBN 978-3-86347-210-8

„Aotearoa" nennen die Maori Neuseeland, ihren Inselstaat, welcher auf eine kriegerische wie mystische Vergangenheit zurückblickt.

Auf seiner Reise vom Norden in den Süden entdeckt Arthur Berger Neuseelands außergewöhnliche Landschaft wie auch Kunst, Kultur und Volksbräuche seiner Eingeborenen. In seiner Anschaulichkeit gnadenlos berichtet der Forscher vom Kannibalismus, von blutigen Kriegen und von der Kolonialzeit.

Zahlreiche Fotografien der Maori wie auch der neuseeländischen Tier- und Pflanzenwelt lassen diese besondere Forschungsreise vor 80 Jahren für den Leser heute noch einmal lebendig werden.

Ebenfalls im SEVERUS Verlag erhältlich:

Robert von Lendenfeld
Neuseeland – Geschichte und Kultur um 1900
Nachdruck der Originalausgabe von 1902

SEVERUS 2012 / 184 S. / 29,50 Euro
ISBN 978-3-86347-215-3

Neuseeland um die Jahrhundertwende:

Robert von Lendenfeld entwirft ein umfassendes Bild des kleinen Inselstaates auf dem Weg ins 20. Jahrhundert. Neben geschichtlichen Daten und Fakten erfährt der Leser Wissenswertes über den geologischen Aufbau sowie über Handel und Verkehr der Nord- und Südinsel.
   Anschaulich führt der Autor in Kultur und Geschichte der Maori ein und bereichert seinen Bericht durch zahlreiche Illustrationen und Photographien der heimischen Pflanzen- und Tierwelt sowie der verschiedenen Seen- und Fjordgebiete.

Als Zoologe und Forschungsreisender lebte und lehrte Robert Lendenfeld von 1881–1886 an verschiedenen Universitäten in Australien und Neuseeland.
   Noch heute zeugt Mount Lendenfeld, Neuseelands sechsthöchster Berg, von Lendenfelds Begeisterung für Alpinismus und Bergsteigerei.

Ebenfalls im SEVERUS Verlag erhältlich:

Andreas Reischek
Aotearoa – Land der langen weißen Wolke
Ein Forscherleben auf Neuseeland

Nachdruck der Originalausgabe von 1924
Behutsam aus Frakturschrift übertragen
Mit 94 Abbildungen und 2 Karten
SEVERUS 2012 / 332 S./ 29,50 Euro
ISBN 978-3-86347-222-1

„Wenn du mit diesem Waschtrog auf die hohe See gehst, wirst du nie wiederkehren."

Der Österreicher Andreas Reischek trotzte ärgsten Gefahren und entkam oft nur knapp dem Tod, während er 1877–1889 das noch unbekannte Neuseeland erforschte.

Ursprünglich mit dem Aufbau des Museums in Christchurch betraut, zog ihn sein leidenschaftlicher Forschungsdrang mehrere Jahre in die Fjorde der Südinsel. Er lebte als Freund unter den Maori, erlangte das Ansehen des herrschenden Königs Tawhiao und wurde auf dem Höhepunkt seiner Reise mit der Ehre des Häuptlingsranges ausgezeichnet.

In seinen wertvollen Tagebuchaufzeichnungen berichtet Reischek vom Kannibalismus, blutreichen Kriegszügen und führt ein in Kunst- und Volksbräuche der Maori, die auch noch heute gelebt werden. 94 teilweise farbige Fotos und Illustrationen lassen den Leser unmittelbar teilhaben an Reischeks unglaublichen Abenteuern auf *Aotearoa*.